स्वास्थ्य धन और मंत्र

प्रदीप परिहार

यह पुस्तक माता और पिता को समर्पित है जिन्होंने हमें इस लायक
बनाया डॉ शीलध्वज सिंह परिहार और बसंती देवी

क्रम-सूची

क्रम-सूची

प्रस्तावना

सनातन विचारो को फिर से जीवन करने के लिए यह पुस्तक का विवेचन किया जा रहा है. यहाँ पर मेरा उद्देस्य स्वस्थ्य और खुशी से रहने के लिए प्रेरित है

भूमिका

सनातन धर्म हमें प्रत्येक वस्तु, व्यक्ति में परमात्मा का दर्शन करने की शिक्षा देता है। सनातन धर्म हमें यही सिखाता है। सच्चे हृदय से पश्चाताप करें, तो प्रत्येक पापी के लिए मुक्ति की संभावना है। गलतियां करें, तब भी सच्चे मन से कोशिश करें कि फिर उन्हें न दोहराएं

सनातन धर्म अपने हिंदू धर्म के वैकल्पिक नाम से भी जाना जाता है। वैदिक काल में भारतीय उपमहाद्वीप के धर्म के लिये 'सनातन धर्म' नाम मिलता है। 'सनातन' का अर्थ है - शाश्वत या 'सदा बना रहने वाला', अर्थात् जिसका न आदि है न अन्त

वैदिक या सनातन धर्म को हिंदू धर्म के नाम से जाना जाता है। वेद पर आधारित यह दुनिया का सबसे प्राचीन धर्म माना जाता है। ऋग्वेद संसार की प्रथम पुस्तक है। यह धर्म ज्ञात रूप से लगभग 12000 वर्ष पुराना है जबकि कुछ अन्य तथ्यों के अनुसार यह लगभग 90 हजार वर्ष प्राचीन है।

ॐ भूर्भुव: स्व: तत्सवितुर्वरेण्यं भर्गो देवस्य धीमहि धियो यो न: प्रचोदयात् - गायत्री मंत्र में इतनी शक्ति होती है कि बुरे सपने का प्रभाव नष्ट कर देता है.

यह पथ सनातन है। समस्त देवता और मनुष्य इसी मार्ग से पैदा हुए हैं तथा प्रगति की है। हे मनुष्यों आप अपने उत्पन्न होने की आधाररूपा अपनी माता को विनष्ट न करें।"

—ऋग्वेद-3-18-1

सनातन धर्म अपने हिंदू धर्म के वैकल्पिक नाम से भी जाना जाता है। वैदिक काल में भारतीय उपमहाद्वीप के धर्म के लिये 'सनातन धर्म' नाम मिलता है। 'सनातन' का अर्थ है - शाश्वत या 'सदा बना रहने वाला', अर्थात् जिसका न आदि है न अन्त।सनातन धर्म मूलतः भारतीय धर्म है, जो किसी समय पूरे बृहत्तर भारत (भारतीय उपमहाद्वीप) तक व्याप्त रहा है और यह एक समय पर विश्व व्याप्त था परंतु विभिन्न कारणों से हुए भारी धर्मान्तरण के उपरांत भी विश्व के इस क्षेत्र की बहुसंख्यक

जनसंख्या इसी धर्म में आस्था रखती है।

प्राचीन काल में भारतीय सनातन धर्म में गाणपत्य, शैवदेव, कोटी वैष्णव, शाक्त और सौर नाम के पाँच सम्प्रदाय होते थे। गाणपत्य गणेशकी, वैष्णव विष्णु की, शैवदेव, कोटी शिव की, शाक्त शक्ति की और सौर सूर्य की पूजा आराधना किया करते थे। पर यह मान्यता थी कि सब एक ही सत्य की व्याख्या हैं। यह न केवल ऋग्वेद परन्तु रामायण और महाभारत जैसे लोकप्रिय ग्रन्थों में भी स्पष्ट रूप से कहा गया है। प्रत्येक सम्प्रदाय के समर्थक अपने देवता को दूसरे सम्प्रदायों के देवता से बड़ा समझते थे और इस कारण से उनमें वैमनस्य बना रहता था। एकता बनाए रखने के उद्देश्य से धर्मगुरुओं ने लोगों को यह शिक्षा देना आरम्भ किया कि सभी देवता समान हैं, विष्णु, शिव और शक्ति आदि देवी-देवता परस्पर एक दूसरे के भी भक्त हैं। उनकी इन शिक्षाओं से तीनों सम्प्रदायों में मेल हुआ और सनातन धर्म की उत्पत्ति हुई। सनातन धर्म में विष्णु, शिव और शक्ति को समान माना गया और तीनों ही सम्प्रदाय के समर्थक इस धर्म को मानने लगे। सनातन धर्म का सारा साहित्य वेद, पुराण, श्रुति, स्मृतियाँ, उपनिषद्, रामायण, महाभारत, गीता आदि संस्कृत भाषा में रचा गया है।

हमारे ऋषि-मुनियों ने ध्यान और मोक्ष की गहरी अवस्था में ब्रह्म, ब्रह्मांड और आत्मा के रहस्य को जानकर उसे स्पष्ट तौर पर व्यक्त किया था। वेदों में ही सर्वप्रथम ब्रह्म और ब्रह्मांड के रहस्य पर से पर्दा हटाकर 'मोक्ष' की धारणा को प्रतिपादित कर उसके महत्व को समझाया गया था। मोक्ष के बगैर आत्मा की कोई गति नहीं इसीलिए ऋषियों ने मोक्ष के मार्ग को ही सनातन मार्ग माना है।

यद्यपि आज सनातन का पर्याय हिन्दू है पर सिख, बौद्ध, जैन धर्मावलम्बी भी सनातन धर्म का हिस्सा हैं, क्योंकि बुद्ध भी अपने को सनातनी कहते हैं।यहाँ तक कि नास्तिक जोकि चार्वाक दर्शन को मानते हैं वह भी सनातनी हैं। सनातन धर्मी के लिए किसी विशिष्ट पद्धति, कर्मकांड, वेशभूषा को मानना जरुरी नहीं। बस वह सनातनधर्मी परिवार में जन्मा हो, वेदांत, मीमांसा, चार्वाक, जैन, बौद्ध, आदि किसी भी दर्शन को मानता हो बस उसके सनातनी होने के लिए पर्याप्त है।

आमुख

हिन्दू श्रुति ग्रंथों की कविता को पारम्परिक रूप से मंत्र कहा जाता है। उदाहरण के लिए ऋग्वेद संहिता में लगभग १०५५२ मंत्र हैं। ॐ स्वयं एक मंत्र है और ऐसा माना जाता है कि यह पृथ्वी पर उत्पन्न प्रथम ध्वनि है।

इसका शाब्दिक अर्थ 'विचार' या 'चिन्तन' होता है । 'मंत्रणा', और 'मंत्री' इसी मूल से बने शब्द हैं । मन्त्र भी एक प्रकार की वाणी है, परन्तु साधारण वाक्यों के समान वे हमको बन्धन में नहीं डालते, बल्कि बन्धन से मुक्त करते हैं।

काफी चिन्तन-मनन के बाद किसी समस्या के समाधान के लिये जो उपाय/विधि/युक्ति निकलती है उसे भी सामान्य तौर पर मंत्र कह देते हैं। "षडकर्णो भिद्यते मंत्र" (छः कानों में जाने से मंत्र नाकाम हो जाता है) - इसमें भी मंत्र का यही अर्थ है।

परिभाषा: मंत्र वह ध्वनि है जो अक्षरों एवं शब्दों के समूह से बनती है। यह संपूर्ण ब्रह्माण्ड एक तरंगात्मक ऊर्जा से व्याप्त है जिसके दो प्रकार हैं - नाद (शब्द) एवं प्रकाश। आध्यात्मिक धरातल पर इनमें से शब्कोई भी एक प्रकार की ऊर्जा दूसरे के बिना सक्रिय नहीं होती। मंत्र मात्र वह ध्वनियाँ नहीं हैं जिन्हें हम कानों से सुनते हैं, यह ध्वनियाँ तो मंत्रों का लौकिक स्वरुप भर हैं।

ध्यान की उच्चतम अवस्था में साधक का आध्यात्मिक व्यक्तित्व पूरी तरह से प्रभु के साथ एकाकार हो जाता है जो अन्तर्यामी है। वही सारे ज्ञान एवं 'शब्द' (ॐ) का स्रोत है। प्राचीन ऋषियों ने इसे शब्द-ब्रह्म की संज्ञा दी - वह शब्द जो साक्षात् ईश्वर है! उसी सर्वज्ञानी शब्द-ब्रह्म से एकाकार होकर साधक मनचाहा ज्ञान प्राप्त कर सकता है।

"मननात् त्रायते यस्मात्तस्मान्मंत्र उदाहतः", अर्थात जिसके मनन, चिंतन एवं ध्यान द्वारा संसार के सभी दुखों से रक्षा, मुक्ति एवं परम आनंद प्राप्त होता है, वही मंत्र है। "मन्यते ज्ञायते आत्मादि येन" अर्थात जिससे आत्मा और परमात्मा का ज्ञान (साक्षात्कार) हो, वही मंत्र है। "मन्यते विचार्यते आत्मादेशो येन" अर्थात जिसके द्वारा आत्मा

के आदेश (अंतरात्मा की आवाज) पर विचार किया जाए, वही मंत्र है। ''मन्यते सत्क्रियन्ते परमपदे स्थिताःदेवताः'' अर्थात् जिसके द्वारा परमपद में स्थित देवता का सत्कार (पूजन/हवन आदि) किया जाए- वही मंत्र है। ''मननं विश्वविज्ञानं त्राणं संसारबन्धनात्। यतः करोति संसिद्धो मंत्र इत्युच्यते ततः।।'' अर्थात यह ज्योतिर्मय एवं सर्वव्यापक आत्मतत्व का मनन है और यह सिद्ध होने पर रोग, शोक, दुख, दैन्य, पाप, ताप एवं भय आदि से रक्षा करता है, इसलिए मंत्र कहलाता है। ''मननात्तत्वरूपस्य देवस्यामित तेजसः। त्रायते सर्वदुःखेभ्यस्स्तस्मान्मंत्र इतीरितः।।'' अर्थात जिससे दिव्य एवं तेजस्वी देवता के रूप का चिंतन और समस्त दुखों से रक्षा मिले, वही मंत्र है। ''मननात् त्रायते इति मंत्र'': अर्थात जिसके मनन, चिंतन एवं ध्यान आदि से पूरी-पूरी सुरक्षा एवं सुविधा मिले वही मंत्र है। ''प्रयोगसमवेतार्थस्मारकाः मंत्राः'' अर्थात अनुष्ठान और पुरश्चरण के पूजन, जप एवं हवन आदि में द्रव्य एवं देवता आदि के स्मारक और अर्थ के प्रकाशक मंत्र हैं। ''साधकसाधनसाध्यविवेकः मंत्रः।'' अर्थात साधना में साधक, साधन एवं साध्य का विवेक ही मंत्र कहलाता है। ''सर्वे बीजात्मकाः वर्णाः मंत्राः ज्ञेया शिवात्मिकाः'' अर्थात सभी बीजात्मक वर्ण मंत्र हैं और वे शिव का स्वरूप हैं। ''मंत्रो हि गुप्त विज्ञानः'' अर्थात मंत्र गुप्त विज्ञान है, उससे गूढ़ से गूढ़ रहस्य प्राप्त किया जा सकता है।

मंत्र की उत्पत्ति

मंत्र की उत्पत्ति भय से या विश्वास से हुई है। आदि काल में मंत्र और धर्म में बड़ा संबंध था। प्रार्थना को एक प्रकार का मंत्र माना जाता था। मनुष्य का ऐसा विश्वास था कि प्रार्थना के उच्चारण से कार्यसिद्धि हो सकती है। इसलिये बहुत से लोग प्रार्थना को मंत्र समझते थे।

जब मनुष्य पर कोई आकस्मिक विपत्ति आती थी तो वह समझता था कि इसका कारण कोई अदृश्य शक्ति है। वृक्ष का टूट पड़ना, मकान का गिर जाना, आकस्मिक रोग हो जाना और अन्य ऐसी घटनाओं का कारण कोई भूत या पिशाच माना जाता था और इसकी शांति के लिये मंत्र का प्रयोग किया जाता था। आकस्मिक संकट बार-बार नहीं आते। इसलिये लोग समझते थे कि मंत्र सिद्ध हो गया। प्राचीन काल

में वैद्य ओषधि और मंत्र दोनों का साथ-साथ प्रयोग करता था। ओषधि को अभिमंत्रित किया जाता था और विश्वास था कि ऐसा करने से वह अधिक प्रभावोत्पादक हो जाती है। कुछ मंत्रप्रयोगकर्ता (ओझा) केवल मंत्र के द्वारा ही रोगों का उपचार करते थे। यह इनका व्यवसाय बन गया था।

मंत्र का प्रयोग सारे संसार में किया जाता था और मूलत: इसकी क्रियाएँ सर्वत्र एक जैसी ही थीं। विज्ञान युग के आरंभ से पहले विविध रोग विविध प्रकार के राक्षस या पिशाच माने जाते थे। अत: पिशाचों का शमन, निवारण और उच्चाटन किया जाता था। मंत्र में प्रधानता तो शब्दों की ही थी परंतु शब्दों के साथ क्रियाएँ भी लगी हुई थीं। मंत्रोच्चारण करते समय ओझा या वैद्य हाथ से, अंगुलियों से, नेत्र से और मुख से विधि क्रियाएँ करता था। इन क्रियाओं में त्रिशूल, झाड़ू, कटार, वृक्षविशेष की टहनियों और सूप तथा कलश आदि का भी प्रयोग किया जाता था। रोग की एक छोटी सी प्रतिमा बनाई जाती थी और उसपर प्रयोग होता था। इसी प्रकार शत्रु की प्रतिमा बनाई जाती थी और उसपर मारण, उच्चाटन आदि प्रयोग किए जाते थे। ऐसा विश्वास था कि ज्यों-ज्यों ऐसी प्रतिमा पर मंत्रप्रयोग होता है त्यों-त्यों शत्रु के शरीर पर इसका प्रभाव पड़ता जाता है। पीपल या वट वृक्ष के पत्तों पर कुछ मंत्र लिखकर उनके मणि या ताबीज बनाए जाते थे जिन्हें कलाई या कंठ में बाँधने से रोगनिवारण होता, भूत प्रेत से रक्षा होती और शत्रु वश में होता था। ये विधियाँ कुछ हद तक इस समय भी प्रचलित हैं। संग्राम के समय दुंदुभी और ध्वजा को भी अभिमंत्रित किया जाता था और ऐसा विश्वास था कि ऐसा करने से विजय प्राप्त होती है।

ऐसा माना जाता था कि वृक्षों में, चतुष्पथों पर, नदियों में, तालाबों में और कितने ही कुओं में तथा सूने मकानों में ऐसे प्राणी निवास करते हैं जो मनुष्य को दु:ख या सुख पहुँचाया करते हैं और अनेक विषम स्थितियाँ उनके कोप के कारण ही उत्पन्न हो जाया करती हैं। इनका शमन करने के लिये विशेष प्रकार के मंत्रों और विविधि क्रियाओं का उपयोग किया जाता था और यह माना जाता था कि इससे संतुष्ट होकर ये प्राणी व्यक्तिविशेष को तंग नहीं करते। शाक्त देव और देवियाँ कई

प्रकार की विपत्तियों के कारण समझे जाते थे। यह भी माना जाता था कि भूत, पिशाच और डाकिनी आदि का उच्चाटन शाक्त देवों के अनुग्रह से हो सकता है। इसलिये ऐसे देवों का मंत्रों के द्वारा आह्वान किया जाता था। इनकी बलि दी जाती थी और जागरण किए जाते थे।

मंत्रग्रन्थ

मंत्र, उनके उच्चारण की विधि, विविधि चेष्टाएँ, नाना प्रकार के पदार्थों का प्रयोग भूत-प्रेत और डाकिनी शाकिनी आदि, ओझा, मंत्र, वैद्य, मंत्रौषध आदि सब मिलकर एक प्रकार का मंत्रशास्त्र बन गया है और इस पर अनेक ग्रंथों की रचना हो गई है।

मंत्रग्रंथों में मंत्र के अनेक भेद माने गए हैं। कुछ मंत्रों का प्रयोग किसी देव या देवी का आश्रय लेकर किया जाता है और कुछ का प्रयोग भूत प्रेत आदि का आश्रय लेकर। ये एक विभाग हैं। दूसरा विभाग यह है कि कुछ मंत्र भूत या पिशाच के विरूद्ध प्रयुक्त होते हैं और कुछ उनकी सहायता प्राप्त करने के हेतु। स्त्री और पुरुष तथा शत्रु को वश में करने के लिये जिन मंत्रों का प्रयोग होता है वे वशीकरण मंत्र कहलाते हैं। शत्रु का दमन या अंत करने के लिये जो मंत्रविधि काम में लाई जाती है वह मारण कहलाती है। भूत को उनको उच्चाटन या शमन मंत्र कहा जाता है।

लोगों का विश्वास है कि ऐसी कोई कठिनाई, कोई विपत्ति और कोई पीड़ा नहीं है जिसका निवारण मंत्र के द्वारा नहीं हो सकता और कोई ऐसा लाभ नहीं है जिसकी प्राप्ति मंत्र के द्वारा नहीं हो सकती।

1

स्तोत्र

संस्कृत साहित्य में किसी देवी-देवता की स्तुति में लिखे गये काव्य को स्तोत्र कहा जाता है (स्तूयते अनेन इति स्तोत्रम्)। संस्कृत साहित्य में यह स्तोत्रकाव्य के अन्तर्गत आता है।

महाकवि कालिदास के अनुसार 'स्तोत्रं कस्य न तुष्टये' अर्थात् विश्व में ऐसा कोई भी प्राणी नहीं है जो स्तुति से प्रसन्न न हो जाता हो। इसलिये विभिन्न देवताओं को प्रसन्न करने हेतु वेदों, पुराणों तथा काव्यों में सर्वत्र सूक्त तथा स्तोत्र भरे पड़े हैं। अनेक भक्तों द्वारा अपने इष्टदेव की आराधना हेतु स्तोत्र रचे गये हैं। विभिन्न स्तोत्रों का संग्रह स्तोत्ररत्नावली के नाम से उपलब्ध है।

निम्नलिखित श्लोक 'सरस्वतीस्तोत्र' से लिया गया है-

या कुन्देन्दुतुषारहारधवला या शुभ्रवस्त्रावृता

या वीणावरदण्डमण्डितकरा या श्वेतपद्मासना।

या ब्रह्माच्युतशंकरप्रभृतिभिर्देवैः सदा पूजिता

सा मां पातु सरस्वति भगवती निःशेषजाड्यापहा ॥

स्तोत्रों की रचना मुख्यतः संस्कृत भाषा मे की गई है परन्तु सर्वसामान्य लोगों की सुविधा हेतु आधुनिक भाषाओं में भी स्त्रोत रचे गए हैं।

'स्तोत्र' शब्द संस्कृत के 'ष्टु' धातु से व्युत्पन्न है जिसका अर्थ 'प्रशंसा करना' है।

शिव ताण्डव स्तोत्र

मान्यता है कि शिवभक्त रावण ने कैलाश पर्वत ही उठा लिया था और जब पूरे पर्वत को ही लंका ले चलने को उद्यत हुआ उस समय अपनी शक्ति पर पूर्ण अहंकार भाव में था। महादेव को उसका यह अहंकार पसंद नही आया तो भगवान् शिव ने अपने पैर के अंगूठे से तनिक सा जो दबाया तो कैलाश फिर जहां था वहीं अवस्थित हो गया। शिव के अनन्य भक्त रावण का हाथ दब गया और वह आर्तनाद कर उठा - "शंकर शंकर" - अर्थात क्षमा करिए, क्षमा करिए, और स्तुति करने लग गया; जो कालांतर में शिव तांडव स्तोत्र कहलाया। शिव ताण्डव स्तोत्र से शिव इतना खुश हुए की आशुतोष भगवान भोलेनाथ ने ना केवल रावण को सकल समृद्धि और सिद्धि से युक्त सोने की लंका ही वरदान के रूप में नहीं दी अपितु सम्पूर्ण ज्ञान, विज्ञान तथा अमर होने का वरदान भी दिया । कहा जाता है की शिव ताण्डव स्तोत्र सुनने मात्र से ही व्यक्ति सम्पत्ति , समृद्धि अथवा सन्तादि प्राप्त करता है

इस स्रोत की भाषा अनुपम और जटिल है, पर महाविद्वान रावण ने इसे कुछ पलो में ही बना दिया था। शिव स्तुति और प्रसन्नता में यह स्तोत्र राम बाण है।

शिवताण्डव स्तोत्र स्तोत्रकाव्य में अत्यन्त लोकप्रिय है। यह पंचचामर छन्द में आबद्ध है। इसकी अनुप्रास और समास बहुल भाषा संगीतमय ध्वनि और प्रवाह के कारण शिवभक्तों में प्रचलित है। सुन्दर भाषा एवं काव्य-शैली के कारण यह स्तोत्र विशेषकर शिवस्तोत्रों में विशिष्ट स्थान रखता है।

शिव ताण्डव स्तोत्र-

जटा टवी गलज्जलप्रवाह पावितस्थले गलेऽव लम्ब्यलम्बितां भुजंगतुंग मालिकाम्।

डमड्डमड्डमड्डमड्डमन्निनाद वड्डमर्वयं चकारचण्डताण्डवं तनोतु नः शिव: शिवम् ॥१॥

जटाकटा हसंभ्रम भ्रमन्निलिंपनिर्झरी विलोलवीचिवल्लरी विराजमानमूर्धनि।

धगद्धगद्धगज्ज्वल ल्ललाटपट्टपावके किशोरचंद्रशेखरे रतिः प्रतिक्षणं मम ॥२॥

धराधरेंद्रनंदिनी विलासबन्धुबन्धुर स्फुरद्दिगंतसंतति प्रमोद मानमानसे।

कृपाकटाक्षधोरणी निरुद्धदुर्धरापदि क्वचिदि्वगम्बरे मनोविनोदमेतु वस्तुनि ॥३॥

जटाभुजंगपिंगल स्फुरत्फणामणिप्रभा कदंबकुंकुमद्रव प्रलिप्तदिग्व धूमुखे।

मदांधसिंधु रस्फुरत्वगुत्तरीयमेदुरे मनोविनोदमद्भुतं बिंभर्तुभूत भर्तरि ॥४॥

सहस्रलोचन प्रभृत्यशेषलेखशेखर प्रसूनधूलिधोरणी विधूसरां घ्रिपीठभू:।

भुजंगराजमालया निबद्धजाटजूटकः श्रियैचिरायजायतां चकोरबंधुशेखरः ॥५॥

ललाटचत्वरज्वल द्धनंजयस्फुलिंगभा निपीतपंच सायकंनम
न्निलिंपनायकम्।

सुधामयूखलेखया विराजमानशेखरं महाकपालिसंपदे
शिरोजटालमस्तुनः ॥६॥

करालभालपट्टिका धगद्धगद्धगज्ज्वल द्धनंजया धरीकृतप्रचंड
पंचसायके।

धराधरेंद्रनंदिनी कुचाग्रचित्रपत्र कप्रकल्पनैकशिल्पिनी
त्रिलोचनेरतिर्मम ॥७॥

नवीनमेघमंडली निरुद्धदुर्धरस्फुर त्कुहुनिशीथनीतमः
प्रबद्धबद्धकन्धरः।

निलिम्पनिर्झरीधरस्तनोतु कृतिसिंधुरः कलानिधानबंधुरः श्रियं
जगंद्धुरंधरः ॥८॥

प्रफुल्लनीलपंकज प्रपंचकालिमप्रभा विडंबि कंठकंध लीरुचि
प्रबंधकंधरम्।

स्मरच्छिदं पुरच्छिदं भवच्छिदं मखच्छिदं गजच्छिदांधकच्छिदं
तमंतकच्छिदं भजे ॥९॥

अखर्वसर्वमंगला कलाकदम्बमंजरी रसप्रवाह माधुरी विजृंभणा
मधुव्रतम्।

स्मरांतकं पुरातकं भवांतकं मखांतकं गजांतकांधकांतकं तमंतकांतकं
भजे ॥१०॥

जयत्वदभ्रविभ्रम भ्रमद्भुजंगमस्फुरद्ध गद्धगद्विनिर्गमत्कराल भाल हव्यवाट्।

धिमिद्धिमिद्धि मिध्वनन्मृदंग तुंगमंगलध्वनिक्रमप्रवर्तितः प्रचण्ड ताण्डवः शिवः ॥११॥

वृषद्विचित्रतल्पयो भुंजंगमौक्तिकस्र जोर्गरिष्ठरत्नलोष्ठयोः सुहृद्विपक्षपक्षयोः।

तृणारविंदचक्षुषोः प्रजामहीमहेन्द्रयोः सम प्रवृत्तिकः कदा सदाशिवं भजाम्यहम् ॥१२॥

कदा निलिम्प-निर्झरीनिकुंज-कोटरे वसन् विमुक्त-दुर्मतिः सदा शिरःस्थ-मंजलिं वहन्।

विमुक्त-लोल-लोचनो ललाम-भाललग्नकः शिवेति मंत्र-मुच्चरन् कदा सुखी भवाम्यहम् ॥१३॥

निलिम्प नाथनागरी कदम्ब मौलमल्लिका-निगुम्फनिर्भक्षरन्म धूष्णिकामनोहरः।

तनोतु नो मनोमुदं विनोदिनींमहनिशं परिश्रय परं पदं तदंगजत्विषां चयः ॥१४॥

प्रचण्ड वाडवानल प्रभाशुभप्रचारणी महाष्टसिद्धिकामिनी जनावहूत जल्पना।

विमुक्त वाम लोचनो विवाहकालिकध्वनिः शिवेति मन्त्रभूषगो जगज्जयाय जायताम् ॥१५॥

इमं हि नित्यमेव मुक्तमुक्तमोत्तम स्तवं पठन्स्मरन् ब्रुवन्नरो
विशुद्धमेति सन्ततम्।

हरे गुरौ सुभक्तिमाशु याति नान्यथागतिं विमोहनं हि देहिनां
सुशङ्करस्य चिंतनम् ॥१६॥

पूजाऽवसानसमये दशवक्त्रगीतं यः शम्भूपूजनपरम् पठति प्रदोषे।

तस्य स्थिरां रथगजेंद्रतुरंगयुक्तां लक्ष्मिं सदैव सुमुखीं प्रददाति शम्भुः
॥१७॥

॥ इति श्रीरावणकृतं शिव ताण्डवस्तोत्रं सम्पूर्णम् ॥

भाषांतर--

जटाटवी-गलज्जल-प्रवाह-पावित-स्थले गलेऽव-लम्ब्य-लम्बितां-
भुजंग-तुंग-मालिकाम् डमड्डमड्डमड्डमड्डम-न्निनादव-ड्डमर्वयं चकार-
चण्डताण्डवं-तनोतु-नः शिवः शिवम् ॥१॥

जिन शिव जी की सघन, वनरूपी जटा से प्रवाहित हो गंगा जी की
धाराएँ उनके कंठ को प्रक्षालित करती हैं, जिनके गले में बड़े एवं लम्बे
सर्पों की मालाएं लटक रहीं हैं, तथा जो शिव जी डम-डम डमरू बजा कर
प्रचण्ड ताण्डव करते हैं, वे शिवजी हमारा कल्याण करें।

जटा-कटा-हसं-भ्रमभ्रमन्नि-लिम्प-निर्झरी- -विलोलवी-चिवल्लरी-
विराजमान-मूर्धनि . धगद्धगद्धग-ज्ज्वल-ललाट-पट्ट-पावके
किशोरचन्द्रशेखरे रतिः प्रतिक्षणं मम ॥२॥

जिन शिव जी की जटाओं में अतिवेग से विलास पूर्वक भ्रमण कर रही
देवी गंगा की लहरें उनके शीश पर लहरा रहीं हैं, जिनके मस्तक पर

अग्नि की प्रचण्ड ज्वालायें धधक-धधक करके प्रज्वलित हो रहीं हैं, उन बाल चंद्रमा से विभूषित शिवजी में मेरा अनुराग प्रतिक्षण बढ़ता रहे।

धरा-धरेन्द्र-नंदिनीविलास-बन्धु-बन्धुर स्फुर-द्दिगन्त-सन्ततिप्रमोद-मान-मानसे . कृपा-कटाक्ष-धोरणी-निरुद्ध-दुर्धरापदि क्वचि-द्दिगम्बरे-मनो विनोदमेतु वस्तुनि ॥३॥

जो पर्वतराजसुता (पार्वती जी) के विलासमय रमणीय कटाक्षों में परम आनन्दित चित्त रहते हैं, जिनके मस्तक में सम्पूर्ण सृष्टि एवं प्राणीगण वास करते हैं, तथा जिनकी कृपादृष्टि मात्र से भक्तों की समस्त विपत्तियां दूर हो जाती हैं, ऐसे दिगम्बर (आकाश को वस्त्र सामान धारण करने वाले) शिवजी की आराधना से मेरा चित्त सर्वदा आनन्दित रहे।

जटा-भुजंग-पिंगल-स्फुरत्फणा-मणिप्रभा कदम्ब-कुंकुम-द्रवप्रलिप्त-दिग्व-धूमुखे मदान्ध-सिन्धुर-स्फुरत्व-गुत्तरी-यमे-दुरे मनो विनोदमद्भुतं-बिभर्तु-भूतभर्तरि ॥४॥

मैं उन शिवजी की भक्ति में आनन्दित रहूँ जो सभी प्राणियों के आधार एवं रक्षक हैं, जिनकी जटाओं में लिपटे सर्पों के फण की मणियों का प्रकाश पीले वर्ण प्रभा-समूह रूप केसर के कान्ति से दिशाओं को प्रकाशित करते हैं और जो गजचर्म से विभूषित हैं।

सहस्रलोचनप्रभृत्य-शेष-लेख-शेखर प्रसून-धूलि-धोरणी-विधू-सरांघ्रि-पीठभू: भुजंगराज-मालया-निबद्ध-जाटजूटक: श्रियै-चिराय-जायतां चकोर-बन्धु-शेखरः ॥५॥

जिन शिव जी के चरण इन्द्र-विष्णु आदि देवताओं के मस्तक के पुष्पों की धूल से रंजित हैं (जिन्हें देवतागण अपने सर के पुष्प अर्पण करते हैं), जिनकी जटाओं में लाल सर्प विराजमान है, वो चन्द्रशेखर हमें

चिरकाल के लिए सम्पदा दें।

ललाट-चत्वर-ज्वलद्धनंजय-स्फुलिंगभा- निपीत-पंच-सायकं-
नमन्नि-लिम्प-नायकम् सुधा-मयूख-लेखया-विराजमान-शेखरं
महाकपालि-सम्पदे-शिरो-जटाल-मस्तुनः ॥६॥

जिन शिव जी ने इन्द्रादि देवताओं का गर्व दहन करते हुए, कामदेव को
अपने विशाल मस्तक की अग्नि ज्वाला से भस्म कर दिया, तथा जो
सभी देवों द्वारा पूज्य हैं, तथा चन्द्रमा और गंगा द्वारा सुशोभित हैं, वे
मुझे सिद्धि प्रदान करें।

कराल-भाल-पट्टिका-धगद्धगद्धग-ज्ज्वल द्धनंज-याहुतीकृत-
प्रचण्डपंच-सायके धरा-धरेन्द्र-नन्दिनी-कुचाग्रचित्र-पत्रक -प्रकल्प-
नैकशिल्पिनि-त्रिलोचने-रतिर्मम ॥७॥

जिनके मस्तक से धक-धक करती प्रचण्ड ज्वाला ने कामदेव को भस्म
कर दिया तथा जो शिव पार्वती जी के स्तन के अग्र भाग पर चित्रकारी
करने में अति चतुर हैं (यहाँ पार्वती प्रकृति हैं, तथा चित्रकारी सृजन है),
उन शिव जी में मेरी प्रीति अटल हो।

नवीन-मेघ-मण्डली-निरुद्ध-दुर्धर-स्फुरत् कुहू-निशी-थिनी-तमः
प्रबन्ध-बद्ध-कन्धरः निलिम्प-निर्झरी-धरस्त-नोतु कृति-सिन्धुरः
कला-निधान-बन्धुरः श्रियं जगद्धुरंधरः ॥८॥

जिनका कण्ठ नवीन मेघों की घटाओं से परिपूर्ण अमावस्या की रात्रि
के सामान काला है, जो कि गज-चर्म, गंगा एवं बाल-चन्द्र द्वारा
शोभायमान हैं तथा जो जगत का बोझ धारण करने वाले हैं, वे शिव जी
हमें सभी प्रकार की सम्पन्नता प्रदान करें।

प्रफुल्ल-नीलपंकज-प्रपंच-कालिमप्रभा- -वलम्बि-कण्ठ-कन्दली-
रुचिप्रबद्ध-कन्धरम् . स्मरच्छिदं पुरच्छिदं भवच्छिदं मखच्छिदं
गजच्छिदांधकछिदं तमंतक-च्छिदं भजे ॥९॥

जिनका कण्ठ और कन्धा पूर्ण खिले हुए नीलकमल की फैली हुई
सुन्दर श्याम प्रभा से विभूषित है, जो कामदेव और त्रिपुरासुर के
विनाशक, संसार के दुःखों को काटने वाले, दक्षयज्ञ विनाशक, गजासुर
एवं अन्धकासुर के संहारक हैं तथा जो मृत्यू को वश में करने वाले हैं, मैं
उन शिव जी को भजता हूँ।

अखर्वसर्व-मंग-लाकला-कदंबमंजरी रस-प्रवाह-माधुरी विजृंभणा-
मधुव्रतम् . स्मरान्तकं पुरान्तकं भवान्तकं मखान्तकं गजान्त-कान्ध-
कान्तकं तमन्तकान्तकं भजे ॥१०॥

जो कल्याणमय, अविनाशी, समस्त कलाओं के रस का आस्वादन
करने वाले हैं, जो कामदेव को भस्म करने वाले हैं, त्रिपुरासुर, गजासुर,
अन्धकासुर के संहारक, दक्षयज्ञ विध्भंसक तथा स्वयं यमराज के लिए
भी यमस्वरूप हैं, मैं उन शिव जी को भजता हूँ।

जयत्व-दभ्र-विभ्र-म-भ्रमद्भुजंग-मश्वस- द्विनिर्गमत्क्रम-
स्फुरत्कराल-भाल-हव्यवाट् धिमिद्धिमिद्धिमिध्वनन्मृदंग-तुंग-
मंगल ध्वनि-क्रम-प्रवर्तित प्रचण्डताण्डवः शिवः ॥११॥

अत्यंत वेग से भ्रमण कर रहे सर्पों के फूफकार से क्रमशः ललाट में बढ़ी
हुई प्रचण्ड अग्नि के मध्य मृदंग की मंगलकारी उच्च धिम-धिम की
ध्वनि के साथ ताण्डव नृत्य में लीन शिव जी सर्व प्रकार सुशोभित हो
रहे हैं।

दृष-द्विचित्र-तल्पयोर्भुजंग-मौक्ति-कस्रजोर् -गरिष्ठरत्नलोष्ठयोः
सुहृद्विव-पक्षपक्षयोः . तृष्णार-विन्द-चक्षुषोः प्रजा-मही-महेन्द्रयोः

समप्रवृत्तिकः कदा सदाशिवं भजे ॥१२॥

कठोर पत्थर एवं कोमल शय्या, सर्प एवं मोतियों की मालाओं, बहुमूल्य रत्न एवं मिट्टी के टुकड़ों, शत्रु एवं मित्रों, राजाओं तथा प्रजाओं, तिनकों तथा कमलों पर समान दृष्टि रखने वाले शिव को मैं भजता हूँ।

कदा निलिम्प-निर्झरीनिकुंज-कोटरे वसन् विमुक्त-दुर्मतिः सदा शिरःस्थ-मंजलिं वहन् . विमुक्त-लोल-लोचनो ललाम-भाललग्नकः शिवेति मंत्र-मुच्चरन् कदा सुखी भवाम्यहम् ॥१३॥

कब मैं गंगा जी के कछारगुञ में निवास करता हुआ, निष्कपट हो, सिर पर अंजलि धारण कर चंचल नेत्रों तथा ललाट वाले शिव जी का मंत्रोच्चार करते हुए अक्षय सुख को प्राप्त करूंगा?

निलिम्प नाथनागरी कदम्ब मौलमल्लिका- निगुम्फनिर्भक्षरन्म धूष्णिकामनोहरः। तनोतु नो मनोमुदं विनोदिनींमहनिशं परिश्रय परं पदं तदंगजत्विषां चयः ॥१४॥

देवांगनाओं के सिर में गुंथे पुष्पों की मालाओं से झड़ते हुए सुगंधमय राग से मनोहर परम शोभा के धाम महादेव जी के अंगों की सुन्दरता परमानन्दयुक्त हमारे मन की प्रसन्नता को सर्वदा बढ़ाती रहे।

प्रचण्ड वाडवानल प्रभाशुभप्रचारणी महाष्टसिद्धिकामिनी जनावहूत जल्पना। विमुक्त वाम लोचनो विवाहकालिकध्वनिः शिवेति मन्त्रभूषगो जगज्जयाय जायताम् ॥१५॥

प्रचण्ड वडवानल की भांति पापों को भस्म करने में स्त्री स्वरूपिणी अणिमादिक अष्टमहासिध्दियों तथा चंचल नेत्रों वाली कन्याओं से शिव विवाह समय गान की मंगलध्वनि सब मंत्रों में परमश्रेष्ठ शिव

मंत्र से पूरित, संसारिक दुःखों को नष्ट कर विजय पायें।

इमम ही नित्यमेव-मुक्तमुत्तमोत्तमं स्तवं पठन्स्मरन्ब्रुवन्नरो
विशुद्धि-मेति-सन्ततम् . हरे गुरौ सुभक्तिमा शुयातिना न्यथा गतिं
विमोहनं हि देहिनां सुशंकरस्य चिंतनम् ॥१६॥

इस उत्तमोत्तम शिव ताण्डव स्तोत्र को नित्य पढ़ने या श्रवण करने मात्र
से प्राणी पवित्र हो, परमगुरु शिव में स्थापित हो जाता है तथा सभी
प्रकार के भ्रमों से मुक्त हो जाता है।

पूजावसानसमये दशवक्त्रगीतं यः शंभुपूजनपरं पठति प्रदोषे . तस्य
स्थिरां रथ गजेन्द्र तुरंग युक्तां लक्ष्मीं सदैवसुमुखिं प्रददाति शंभुः
॥१७॥

प्रातः शिवपूजन के अंत में इस रावणकृत शिवताण्डवस्तोत्र के गान से
लक्ष्मी स्थिर रहती हैं तथा भक्त रथ, गज, घोड़े आदि सम्पदा से सर्वदा
युक्त रहता है।

श्री शिव पंचाक्षर स्तोत्र

इस स्तोत्र के रचयिता श्री आदि शंकराचार्य जी हैं जो महान शिव भक्त, अद्वैतवादी, एवं धर्मचक्रप्रवर्तक थे। सनातनी ग्रंथ एवं विद्वानों के अनुसार वे भगवान शिव के अवतार थे। इनके विषय में कहते हैं।..

अष्टवर्षेचतुर्वेदी, द्वादशेसर्वशास्त्रवित्
षोडशेकृतवान्भाष्यम्द्वात्रिंशेमुनिरभ्यगात्

अर्थात्, आठ वर्ष की आयु में चारों वेदों में निष्णात हो गए, बारह वर्ष की आयु में सभी शास्त्रों में पारंगत, सोलह वर्ष की आयु में शांकरभाष्य तथा बत्तीस वर्ष की आयु में शरीर त्याग दिया।

स्तोत्र एवं भाषांतर-

इस स्तोत्र के पाँचों श्लोकों में क्रमशः न, म, शि, वा और य है अर्थात् नमः शिवाय। यह पूरा स्तोत्र शिवस्वरूप है।

नागेंद्रहाराय त्रिलोचनाय भस्मांगरागाय महेश्वराय। नित्याय शुद्धाय दिगम्बराय तस्मै "न" काराय नमः शिवाय॥

हे महेश्वर! आप नागराज को हार स्वरूप धारण करने वाले हैं। हे (तीन नेत्रों वाले) त्रिलोचन, आप भस्म से अलंकृत, नित्य (अनादि एवं अनंत) एवं शुद्ध हैं। अम्बर को वस्त्र समान धारण करने वाले दिगम्बर शिव, आपके 'न' अक्षर द्वारा जाने वाले स्वरूप को नमस्कार है।

मंदाकिनी सलिल चंदन चर्चिताय नंदीश्वर प्रमथनाथ महेश्वराय। मंदारपुष्प बहुपुष्प सुपूजिताय तस्मै "म" काराय नमः शिवाय॥

चन्दन से अलंकृत, एवं गंगा की धारा द्वारा शोभायमान, नन्दीश्वर एवं प्रमथनाथ के स्वामी महेश्वर आप सदा मन्दार एवं बहुदा अन्य स्रोतों से प्राप्त पुष्पों द्वारा पूजित हैं। हे शिव, आपके 'म' अक्षर द्वारा जाने वाले रूप को नमन है।

शिवाय गौरी वदनाब्जवृंद सूर्याय दक्षाध्वरनाशकाय। श्री नीलकण्ठाय वृषध्वजाय तस्मै "शि" काराय नमः शिवाय॥

हे धर्मध्वजधारी, नीलकण्ठ, शि अक्षर द्वारा जाने जाने वाले महाप्रभु, आपने ही दक्ष के दम्भ यज्ञ का विनाश किया था। माँ गौरी के मुखकमल को सूर्य समान तेज प्रदान करने वाले शिव, आपके 'शि' अक्षर से ज्ञात रूप को नमस्कार है।

वसिष्ठ कुम्भोद्भव गौतमार्य मुनींद्र देवार्चित शेखराय। चंद्रार्क वैश्वानर लोचनाय तस्मै "व" काराय नमः शिवाय॥

देवगण एवं वसिष्ठ , अगस्त्य, गौतम आदि मुनियों द्वारा पूजित देवाधिदेव! सूर्य, चन्द्रमा एवं अग्नि आपके तीन नेत्र समान हैं। हे शिव !! आपके 'व' अक्षर द्वारा विदित स्वरूप को नमस्कार है।

यक्षस्वरूपाय जटाधराय पिनाकहस्ताय सनातनाय। दिव्याय देवाय दिगम्बराय तस्मै "य" काराय नमः शिवाय॥

हे यक्ष स्वरूप, जटाधारी शिव आप आदि, मध्य एवं अंत रहित सनातन हैं। हे दिव्य चिदाकाश रूपी अम्बर धारी शिव !! आपके 'य' अक्षर द्वारा जाने जाने वाले स्वरूप को नमस्कार है।

पंचाक्षरमिदं पुण्यं यः पठेत् शिव सन्निधौ। शिवलोकमवाप्नोति शिवेन सह मोदते॥

जो कोई भगवान शिव के इस पंचाक्षर मंत्र का नित्य उनके समक्ष पाठ करता है वह शिव के पुण्य लोक को प्राप्त करता है तथा शिव के साथ सुखपूर्वक निवास करता है।

॥ इति श्रीमच्छंकराचार्यविरचितं श्रीशिवपंचाक्षरस्तोत्रं सम्पूर्णम् ॥[1]

श्रीरामरक्षास्तोत्रम्

श्रीरामरक्षास्तोत्रम् बुधकौशिक नामक ऋषि द्वारा भगवान श्रीराम की स्तुति में रचा गया स्तोत्र है।

श्रीरामरक्षास्तोत्रम् ॥

॥ श्रीगणेशायनमः ॥

॥ विनियोग ॥

अस्य श्रीरामरक्षास्तोत्रमन्त्रस्य। बुधकौशिक ऋषिः। श्रीसीतारामचंद्रोदेवता। अनुष्टुप् छन्दः। सीता शक्तिः। श्रीमद्‌हनुमान् कीलकम्। श्रीसीतारामचंद्रप्रीत्यर्थे जपे विनियोगः ॥

अर्थः — इस राम रक्षा स्तोत्र मंत्रके रचयिता बुधकौशिक ऋषि हैं, सीता और रामचंद्र देवता हैं, अनुष्टुप छंद हैं, सीता शक्ति हैं, हनुमानजी कीलक है तथा श्रीरामचंद्रजीकी प्रसन्नताके लिए राम रक्षा स्तोत्रके जपमें विनियोग किया जाता हैं।

॥ अथ ध्यानम् ॥

ध्यायेदाजानुबाहुं धृतशरधनुषं बद्धपद्मासनस्थं।

पीतं वासोवसानं नवकमलदलस्पर्धिनेत्रं प्रसन्नम् ॥

वामांकारूढसीता मुखकमलमिलल्लोचनं नीरदाभं।

नानालंकारदीप्तं दधतमुरुजटामण्डलं रामचंद्रम् ॥

ध्यान धरिए — जो धनुष-बाण धारण किए हुए हैं, बद्ध पद्मासनकी मुद्रामें विराजमान हैं और पीतांबर पहने हुए हैं, जिनके आलोकित नेत्र नए कमल दलके समान स्पर्धा करते हैं, जो बायें ओर स्थित सीताजीके मुख कमलसे मिले हुए हैं- उन आजानु बाहु, मेघश्याम, विभिन्न अलंकारोंसे विभूषित तथा जटाधारी श्रीरामका ध्यान करें।

॥ इति ध्यानम् ॥

चरितं रघुनाथस्य शतकोटिप्रविस्तरम्।

एकैकमक्षरं पुंसां महापातकनाशनम् ॥१॥

श्री रघुनाथजीका चरित्र सौ कोटि विस्तारवाला हैं। उसका एक-एक अक्षर महापातकोंको नष्ट करनेवाला है।

ध्यात्वा नीलोत्पलश्यामं रामं राजीवलोचनम्।

जानकीलक्ष्मणोपेतं जटामुकुटमण्डितम् ॥२॥

नीले कमलके श्याम वर्णवाले, कमलनेत्रवाले , जटाओंके मुकुटसे सुशोभित, जानकी तथा लक्ष्मण सहित ऐसे भगवान् श्रीरामका स्मरण कर,

सासितूणधनुर्बाणपाणिं नक्तं चरान्तकम्।

स्वलीलया जगत्त्रातुमाविर्भूतमजं विभुम् ॥३॥

जो अजन्मा एवं सर्वव्यापक, हाथोंमें खड्ग, तुणीर, धनुष-बाण धारण किए राक्षसोंके संहार तथा अपनी लीलाओंसे जगत रक्षा हेतु अवतीर्ण श्रीरामका स्मरण कर,

रामरक्षां पठेत्प्राज्ञ: पापघ्नीं सर्वकामदाम्।

शिरो मे राघव: पातु भालं दशरथात्मज: ॥४॥

मैं सर्वकामप्रद और पापोंको नष्ट करनेवाले राम रक्षा स्तोत्रका पाठ करता हूं । राघव मेरे सिरकी और दशरथके पुत्र मेरे ललाटकी रक्षा करें।

कौसल्येयो दृशौ पातु विश्वामित्रप्रिय: श्रुती।

घ्राणं पातु मखत्राता मुखं सौमित्रिवत्सल: ॥५॥

कौशल्या नंदन मेरे नेत्रोंकी, विश्वामित्रके प्रिय मेरे कानोंकी, यज्ञरक्षक मेरे घ्राणकी और सुमित्राके वत्सल मेरे मुखकी रक्षा करें।

जिह्वां विद्यानिधि: पातु कण्ठं भरतवंदित:।

स्कन्धौ दिव्यायुध: पातु भुजौ भग्नेशकार्मुक: ॥६॥

विद्यानिधि मेरी जिह्वाकी रक्षा करें, कंठकी भरत-वंदित, कंधोंकी दिव्यायुध और भुजाओंकी महादेवजीका धनुष तोडनेवाले भगवान् श्रीराम रक्षा करें।

करौ सीतपति: पातु हृदयं जामदग्न्यजित्।

मध्यं पातु खरध्वंसी नाभिं जाम्बवदाश्रय: ॥७॥

मेरे हाथोंकी सीता पति श्रीराम रक्षा करें, हृदयकी जमदग्नि ऋषिके पुत्रको (परशुराम) जीतनेवाले, मध्य भागकी खरके (नामक राक्षस) वधकर्ता और नाभिकी जांबवानके आश्रयदाता रक्षा करें।

सुग्रीवेश: कटी पातु सक्थिनी हनुमत्प्रभु:।

ऊरू रघुत्तमः पातु रक्षःकुलविनाशकृत् ॥८॥

मेरे कमरकी सुग्रीवके स्वामी, हडियोंकी हनुमानके प्रभु और रानोंकी राक्षस कुलका विनाश करनेवाले रघुकुलश्रेष्ठ रक्षा करें।

जानुनी सेतुकृत्पातु जंघे दशमुखान्तकः।

पादौ बिभीषणश्रीदः पातु रामोऽखिलं वपुः ॥९॥

मेरे जानुओंकी सेतुकृत, जंघाओंकी दशानन वधकर्ता, चरणोंकी विभीषणको ऐश्वर्य प्रदान करनेवाले और सम्पूर्ण शरीरकी श्रीराम रक्षा करें।

एतां रामबलोपेतां रक्षां यः सुकृती पठेत्।

स चिरायुः सुखी पुत्री विजयी विनयी भवेत् ॥१०॥

शुभ कार्य करनेवाला जो भक्त भक्ति एवं श्रद्धाके साथ रामबलसे संयुक्त होकर इस स्तोत्रका पाठ करता हैं, वह दीर्घायु, सुखी, पुत्रवान, विजयी और विनयशील हो जाता हैं।

पातालभूतलव्योम चारिणश्छद्मचारिणः।

न द्रष्टुमपि शक्तास्ते रक्षितं रामनामभिः ॥११॥

जो जीव पाताल, पृथ्वी और आकाशमें विचरते रहते हैं अथवा छद्दम वेशमें घूमते रहते हैं, वे राम नामोंसे सुरक्षित मनुष्यको देख भी नहीं पाते।

रामेति रामभद्रेति रामचंद्रेति वा स्मरन्।

नरो न लिप्यते पापैै भुक्तिं मुक्तिं च विन्दति ॥१२॥

राम, रामभद्र तथा रामचंद्र आदि नामोंका स्मरण करनेवाला रामभक्त पापों से लिप्त नहीं होता, इतना ही नहीं, वह अवश्य ही भोग और मोक्ष दोनोंको प्राप्त करता है।

जगज्जेत्रैकमन्त्रेण रामनाम्नाभिरक्षितम्।

य: कण्ठे धारयेत्तस्य करस्था: सर्वसिद्धय: ॥१३॥

जो संसारपर विजय करनेवाले मंत्र राम-नाम से सुरक्षित इस स्तोत्र को कंठस्थ कर लेता हैं, उसे सम्पूर्ण सिद्धियाँ प्राप्त हो जाती हैं।

वज्रपंजरनामेदं यो रामकवचं स्मरेत्।

अव्याहताज्ञ: सर्वत्र लभते जयमंगलम् ॥१४॥

जो मनुष्य वज्रपंजर नामक इस राम कवचका स्मरण करता हैं, उसकी आज्ञाका कहीं भी उल्लंघन नहीं होता तथा उसे सदैव विजय और मंगलकी ही प्राप्ति होती हैं।

आदिष्टवान्यथा स्वप्ने रामरक्षामिमां हर:।

तथा लिखितवान् प्रात: प्रबुद्धो बुधकौशिक: ॥१५॥

भगवान् शंकरने स्वप्नमें इस रामरक्षा स्तोत्रका आदेश बुध कौशिक ऋषिको दिया था, उन्होंने प्रातः काल जागनेपर उसे वैसा ही लिख दिया।

आराम: कल्पवृक्षाणां विराम: सकलापदाम्।

अभिरामस्त्रिलोकानां राम: श्रीमान् स न: प्रभु: ॥१६॥

जो कल्प वृक्षोंके बागके समान विश्राम देने वाले हैं, जो समस्त विपत्तियोंको दूर करनेवाले हैं और जो तीनो लोकों में सुंदर हैं, वही श्रीमान राम हमारे प्रभु हैं।

तरुणौ रूपसंपन्नौ सुकुमारौ महाबलौ।

पुण्डरीकविशालाक्षौ चीरकृष्णाजिनाम्बरौ ॥१७॥

जो युवा, सुन्दर, सुकुमार, महाबली और कमलके (पुण्डरीक) समान विशाल नेत्रों वाले हैं, मुनियोंकी समान वस्त्र एवं काले मृगका चर्म धारण करते हैं।

फलमूलाशिनौ दान्तौ तापसौ ब्रह्मचारिणौ।

पुत्रौ दशरथस्यैतौ भ्रातरौ रामलक्ष्मणौ ॥१८॥

जो फल और कंदका आहार ग्रहण करते हैं, जो संयमी , तपस्वी एवं ब्रह्मचारी हैं , वे दशरथके पुत्र राम और लक्ष्मण दोनों भाई हमारी रक्षा करें।

शरण्यौ सर्वसत्वानां श्रेष्ठौ सर्वधनुष्मताम्।

रक्ष:कुलनिहन्तारौ त्रायेतां नो रघूत्तमौ ॥१९॥

ऐसे महाबली – रघुश्रेष्ठ मर्यादा पुरूषोतम समस्त प्राणियोंके शरणदाता, सभी धनुर्धारियोंमें श्रेष्ठ और राक्षसोंके कुलोंका समूल नाश करनेमें समर्थ हमारा रक्षण करें।

आततसज्जधनुषा विषुस्पृशा वक्षयाशुगनिषंग सङ्गिनौ।

रक्षणाय मम रामलक्ष्मणावग्रतः पथि सदैव गच्छताम् ॥२०॥

संघान किए धनुष धारण किए, बाणका स्पर्श कर रहे, अक्षय बाणोसे युक्त तुणीर लिए हुए राम और लक्ष्मण मेरी रक्षा करनेके लिए मेरे आगे चलें ।

संनद्धः कवची खड्गी चापबाणधरो युवा।

गच्छन्मनोरथोऽस्माकं रामः पातु सलक्ष्मणः ॥२१॥

हमेशा तत्पर, कवचधारी, हाथमें खडग, धनुष-बाण तथा युवावस्थावाले भगवान् राम लक्ष्मण सहित आगे-आगे चलकर हमारी रक्षा करें।

रामो दाशरथिः शूरो लक्ष्मणानुचरो बली।

काकुत्स्थः पुरुषः पूर्णः कौसल्येयो रघूत्तमः ॥२२॥

भगवानका कथन है कि श्रीराम, दाशरथी, शूर, लक्ष्मनाचुर, बली, काकुत्स्थ , पुरुष, पूर्ण, कौसल्येय, रघुतम,

वेदान्तवेद्यो यज्ञेशः पुराणपुरुषोत्तमः।

जानकीवल्लभः श्रीमानप्रमेय पराक्रमः ॥२३॥

वेदान्त्वेघ, यज्ञेश, पुराण पुरूषोतम , जानकी वल्लभ, श्रीमान और अप्रमेय पराक्रम आदि नामों का

इत्येतानि जपेन्नित्यं मद्भक्तः श्रद्धयान्वितः।

अश्वमेधाधिकं पुण्यं संप्राप्नोति न संशयः ॥२४॥

नित्यप्रति श्रद्धापूर्वक जप करनेवालेको निश्चित रूपसे अश्वमेध यज्ञसे भी अधिक फल प्राप्त होता हैं।

रामं दूर्वादलश्यामं पद्माक्षं पीतवाससम्।

स्तुवन्ति नामभिर्दिव्यैर्न ते संसारिणो नर: ॥२५॥

दूर्वादलके समान श्याम वर्ण, कमल-नयन एवं पीतांबरधारी श्रीरामकी उपरोक्त दिव्य नामोंसे स्तुति करनेवाला संसारचक्रमें नहीं पड़ता ।

रामं लक्ष्मण पूर्वजं रघुवरं सीतापतिं सुंदरम्।

काकुत्स्थं करुणार्णवं गुणनिधिं विप्रप्रियं धार्मिकम्

राजेन्द्रं सत्यसंधं दशरथनयं श्यामलं शान्तमूर्तिम्।

वन्दे लोकभिरामं रघुकुलतिलकं राघवं रावणारिम् ॥२६॥

लक्ष्मण जीके पूर्वज , सीताजीके पति, काकुत्स्थ, कुल-नंदन, करुणाके सागर , गुण-निधान , विप्र भक्त, परम धार्मिक , राजराजेश्वर, सत्यनिष्ठ, दशरथके पुत्र, श्याम और शांत मूर्ति, सम्पूर्ण लोकोंमें सुन्दर, रघुकुल तिलक , राघव एवं रावणके शत्रु भगवान् रामकी मैं वंदना करता हूं ।

रामाय रामभद्राय रामचंद्राय वेधसे।

रघुनाथाय नाथाय सीताया: पतये नम: ॥२७॥

राम, रामभद्र, रामचंद्र, विधात स्वरूप , रघुनाथ, प्रभु एवं सीताजीके स्वामीकी मैं वंदना करता हूं ।

श्रीराम राम रघुनन्दन राम राम।

श्रीराम राम भरताग्रज राम राम।

श्रीराम राम रणकर्कश राम राम।

श्रीराम राम शरणं भव राम राम ॥२८॥

हे रघुनन्दन श्रीराम ! हे भरतके अग्रज भगवान् राम! हे रणधीर, मर्यादा पुरुषोत्तम श्रीराम ! आप मुझे शरण दीजिए ।

श्रीरामचन्द्रचरणौ मनसा स्मरामि।

श्रीरामचन्द्रचरणौ वचसा गृणामि।

श्रीरामचन्द्रचरणौ शिरसा नमामि।

श्रीरामचन्द्रचरणौ शरणं प्रपद्ये ॥२९॥

मैं एकाग्र मनसे श्रीरामचंद्रजीके चरणोंका स्मरण और वाणीसे गुणगान करता हूं, वाणी द्धारा और पूरी श्रद्धाके साथ भगवान् रामचन्द्रके चरणोंको प्रणाम करता हुआ मैं उनके चरणोंकी शरण लेता हूँ।

माता रामो मत्पिता रामचंद्रः।

स्वामी रामो मत्सखा रामचंद्रः।

सर्वस्वं मे रामचन्द्रो दयालुर् ।

नान्यं जाने नैव जाने न जाने ॥३०॥

श्रीराम मेरे माता, मेरे पिता , मेरे स्वामी और मेरे सखा हैं। इस प्रकार दयालु श्रीराम मेरे सर्वस्व हैं, उनके सिवा मैं किसी दूसरे को नहीं जानता ।

दक्षिणे लक्ष्मणो यस्य वामे तु जनकात्मजा।

पुरतो मारुतिर्यस्य तं वन्दे रघुनंदनम् ॥३१॥

जिनके दाईं और लक्ष्मणजी, बाईं और जानकीजी और सामने हनुमान ही विराजमान हैं, मैं उन्ही रघुनाथजीकी वंदना करता हूं ।

लोकाभिरामं रणरंगधीरं राजीवनेत्रं रघुवंशनाथम्।

कारुण्यरूपं करुणाकरंतं श्रीरामचंद्रं शरणं प्रपद्ये ॥३२॥

मैं सम्पूर्ण लोकोंमें सुन्दर तथा रणक्रीडामें धीर, कमलनेत्र, रघुवंश नायक, करुणाकी मूर्ति और करुणाके भण्डार रुपी श्रीरामकी शरण में हूँ ।

मनोजवं मारुततुल्यवेगं जितेन्द्रियं बुद्धिमतां वरिष्ठम्।

वातात्मजं वानरयूथमुख्यं श्रीरामदूतं शरणं प्रपद्ये ॥३३॥

जिनकी गति मनके समान और वेग वायुके समान (अत्यंत तेज) है, जो परम जितेन्द्रिय एवं बुद्धिमानोंमें श्रेष्ठ हैं, मैं उन पवन-नंदन वानारग्रगण्य श्रीराम दूतकी शरण लेता हूं ।

कूजन्तं रामरामेति मधुरं मधुराक्षरम्।

आरुह्य कविताशाखां वन्दे वाल्मीकिकोकिलम् ॥३४॥

मैं कवितामयी डालीपर बैठकर, मधुर अक्षरोंवाले 'राम-राम' के मधुर नामको कूजते हुए वाल्मीकि रुपी कोयलकी वंदना करता हूं ।

आपदामपहर्तारं दातारं सर्वसंपदाम्।

लोकाभिरामं श्रीरामं भूयो भूयो नमाम्यहम् ॥३५॥

मैं इस संसारके प्रिय एवं सुन्दर , उन भगवान् रामको बार-बार नमन करता हूं, जो सभी आपदाओंको दूर करनेवाले तथा सुख-सम्पति प्रदान करनेवाले हैं।

भर्जनं भवबीजानामर्जनं सुखसंपदाम्।

तर्जनं यमदूतानां रामरामेति गर्जनम् ॥३६॥

'राम-राम' का जप करनेसे मनुष्यके सभी कष्ट समाप्त हो जाते हैं। वह समस्त सुख-सम्पति तथा ऐश्वर्य प्राप्त कर लेता हैं। राम-रामकी गर्जनासे यमदूत सदा भयभीत रहते हैं।

रामो राजमणि: सदा विजयते रामं रमेशं भजे।

रामेणाभिहता निशाचरचमू रामाय तस्मै नम:।

रामान्नास्ति परायणं परतरं रामस्य दासोऽस्म्यहम्।

रामे चितलय: सदा भवतु मे भो राम मामुद्धर ॥३७॥

राजाओंमें श्रेष्ठ श्रीराम सदा विजयको प्राप्त करते हैं। मैं लक्ष्मीपति भगवान् श्रीरामका भजन करता हूं । सम्पूर्ण राक्षस सेनाका नाश करनेवाले श्रीरामको मैं नमस्कार करता हूं । श्रीरामके समान अन्य कोई आश्रयदाता नहीं। मैं उन शरणागत वत्सलका दास हूँ । मैं

सद्िसव श्रीराममें ही लीन रहूं । हे श्रीराम! आप मेरा (इस संसार सागर से) उद्धार करें।

राम रामेति रामेति रमे रामे मनोरमे।

सहस्रनाम तत्तुल्यं रामनाम वरानने ॥३८॥

(शिव पार्वती से बोले –) हे सुमुखी ! राम- नाम 'विष्णु सहस्त्रनाम' के समान हैं। मैं सदा रामका स्तवन करता हूं और राम-नाममें ही रमण करता हूं ।

इति श्रीबुधकौशिकविरचितं श्रीरामरक्षास्तोत्रं संपूर्णम् ॥

इस प्रकार बुधकौशिकद्वारा रचित श्रीराम रक्षा स्तोत्र सम्पूर्ण होता है।

॥ श्री सीतारामचंद्रार्पणमस्तु ॥

रोग, व्याधि, शत्रु नाशक Maa Kali Kavach Stotra के 5 लाभ

Kali Kavach Stotra: माँ काली हिंदू धर्म की महत्वपूर्ण देवी हैं। इन्हें तंत्र शक्ति की देवी के रूप में जाना जाता है। माँ काली की पूजा भारत ही नहीं बल्की विश्व के विभिन्न हिस्सों में बड़े उत्साह से की जाती है। Maa Kali तांत्रिक शास्त्र के अनुसार शक्ति की देवी मानी जाती हैं। उन्हें दस महाविद्या में से एक रुप माना जाता है जो भक्तों के प्रति अपनी कृपा बढ़ाती हैं।

Maa Kali को धार्मिक ग्रंथो में शक्ति की देवी के रूप में पूजा जाता हैं। Maa Kali की पूजा विभिन्न तरीकों से की जाती है जैसे कि तंत्रिक विधि, मंत्र जाप और अलग-अलग प्रकार के हवन इत्यादि। लेकिन इस लेख में, हम शत्रु नाशक Kali Kavach Stotra के बारे में बात करेंगे और इसे कैसे प्रयोग किया जाता है, इसके लाभ के बारे में बताएंगे।

शत्रु भय नाशक Maa Kali Kavach Stotra

शत्रु नाशक काली कवच एक ऐसा शक्तिशाली कवच है जो न केवल शत्रुओं के खिलाफ अभूतपूर्व संरक्षण प्रदान करता है, बल्कि आपके जीवन को नेगेटिव ऊर्जा से भी मुक्त करता है। यह कवच आपको आध्यात्मिक उन्नति की ओर ले जाता है जो शांति, स्वस्थता, समृद्धि और समानता के प्रती स्थिर मन की ओर बढाने में मदत करेगा।

माँ काली कवच स्तोत्र (Maa Kali Kavach Stotra)

एक अत्यंत दुर्लभ शक्तिशाली कवच है Kali Kavach Stotra को मंत्र विधान के साथ दिया है जो इस प्रकार है-

श्री गणेशाय नम:

कवचं श्रोतुमिच्छामि तां च विद्यां दशाक्षरीम्।

नाथ त्वत्तो हि सर्वज्ञ भद्रकाल्याश्च साम्प्रतम्॥

नारायण उवाच श्रृणु नारद वक्ष्यामि महाविद्यां दशाक्षरीम्।

गोपनीयं च कवचं त्रिषु लोकेषु दुर्लभम्॥

ह्रीं श्रीं क्लीं कालिकायै स्वाहेति च दशाक्षरीम्।

दुर्वासा हि ददौ राज्ञे पुष्करे सूर्यपर्वणि॥

दशलक्षजपेनैव मन्त्रसिद्धि: कृता पुरा।

पञ्चलक्षजपेनैव पठन् कवचमुत्तमम्॥

बभूव सिद्धकवचोऽप्ययोध्यामाजगाम स:।

कृत्स्नां हि पृथिवीं जिग्ये कवचस्य प्रसादत:॥

नारद उवाच श्रुता दशाक्षरी विद्या त्रिषु लोकेषु दुर्लभा।

अधुना श्रोतुमिच्छामि कवचं ब्रूहि मे प्रभो॥

नारायण उवाच श्रृणु वक्ष्यामि विपेरन्द्र कवचं परमाद्भुतम्।

नारायणेन यद् दत्तं कृपया शूलिने पुरा॥

त्रिपुरस्य वधे घोरे शिवस्य विजयाय च।

तदेव शूलिना दत्तं पुरा दुर्वाससे मुने॥

दुर्वाससा च यद् दत्तं सुचन्द्राय महात्मने।

अतिगुह्यतरं तत् वं सर्वमन्त्रौघविग्रहम्॥

ह्रीं श्रीं क्लीं कालिकायै स्वाहा मे पातु मस्तकम्।

क्लीं कपालं सदा पातु ह्रीं ह्रीं ह्रीमिति लोचने॥

ह्रीं त्रिलोचने स्वाहा नासिकां मे सदावतु।

क्लीं कालिके रक्ष रक्ष स्वाहा दन्तं सदावतु॥

ह्रीं भद्रकालिके स्वाहा पातु मेऽधरयुग्मकम्।

ह्रीं ह्रीं क्लीं कालिकायै स्वाहा कण्ठं सदावतु॥

ह्रीं कालिकायै स्वाहा कर्णयुग्मं सदावतु।

क्रीं क्रीं क्लीं काल्यै स्वाहा स्कन्धं पातु सदा मम॥

क्रीं भद्रकाल्यै स्वाहा मम वक्षः सदावतु।

क्रीं कालिकायै स्वाहा मम नाभिं सदावतु॥

ह्रीं कालिकायै स्वाहा मम पष्ठं सदावतु।

रक्त बीजविनाशिन्यै स्वाहा हस्तौ सदावतु॥

ह्रीं क्लीं मुण्डमालिन्यै स्वाहा पादौ सदावतु।

ह्रीं चामुण्डायै स्वाहा सर्वाङ्गं मे सदावतु॥

॥ इति कवच स्तोत्र सर्पुम ॥

Kali Kavach Stotra की साधना विधि

वैसे तो इस Kali Kavach को आप कबी भी पढ सकते है लेकिन इसका जो विधान है की आप शत्रुओं का भय, नाकारात्मकता तथा कोई भी कठिनाई, रोग-व्याधि, डर, नाकारात्मकता तथा कोई भी कठिनाई का नाश करने के लिए यह कवच को उपयुक्त कहा गया है। इसका रोज 5 बार और नवरात्रों के समय 21 बार पाठ कर सकते है।

Kali Kavach Stotra के 5 लाभ

Kali Kavach Stotra के 5 लाभ निम्मलिखित है।

1) शत्रु का भय नाश: इस कवच के दैनदिन पाठ से शत्रुवोका नाश होते जाता है। शत्रु का भय तेजीसे नष्ट होते जाताहै। शत्रु की कोई भी चाल उस साधक को हानी नहीं पोहचाती।

2) रोग-व्याधि नाश: जब किसी व्यक्ति को कोई रोग बाधा हो जाती है तो उस समय यह कवच का पाठ करनेसे सब ख़तम हो जाती है।

3) डर का नाश: कोई भी व्यक्ति किसी न किसी चीस से डरता रहता है जैसे किसी को सर्प का डर, जल का डर इ. तो इसमे यह कवच उसके डर का नाश होने लगता है।

4) नाकारात्मकता: कभी कभी व्यक्ति के मन नाकारात्मकता अजति है इससे व्यक्ति अन्दर से खुश नहीं रह पाता और उसका की भी चीज

में मन नहीं लगता। ऐसे में इस कवच का पाठ आपके लिए बहुत लाभ देता है नाकारात्मकता दूर करता रहता है।

5) कठिनाईयो का नाश: जीवन हमें कोई कोई कम में अड़चन और कठिनाई सामना करना पडता है ऐसे में यह कवच हमें इन कठिनाई, अड़चन और रूकावट को नहीं होने देता।

2

वैदिक स्तोत्र मंत्र

परिभाषा: मंत्र वह ध्वनि है जो अक्षरों एवं शब्दों के समूह से बनती है। यह संपूर्ण ब्रह्माण्ड एक तरंगात्मक ऊर्जा से व्याप्त है जिसके दो प्रकार हैं - नाद (शब्द) एवं प्रकाश। आध्यात्मिक धरातल पर इनमें से शब्कोई भी एक प्रकार की ऊर्जा दूसरे के बिना सक्रिय नहीं होती। मंत्र मात्र वह ध्वनियाँ नहीं हैं जिन्हें हम कानों से सुनते हैं, यह ध्वनियाँ तो मंत्रों का लौकिक स्वरुप भर हैं।

ध्यान की उच्चतम अवस्था में साधक का आध्यात्मिक व्यक्तित्व पूरी तरह से प्रभु के साथ एकाकार हो जाता है जो अन्तर्यामी है। वही सारे ज्ञान एवं 'शब्द' (ॐ) का स्रोत है। प्राचीन ऋषियों ने इसे शब्द-ब्रह्म की संज्ञा दी - वह शब्द जो साक्षात् ईश्वर है! उसी सर्वज्ञानी शब्द-ब्रह्म से एकाकार होकर साधक मनचाहा ज्ञान प्राप्त कर सकता है।

मंत्र की उत्पत्ति-

मंत्र की उत्पत्ति भय से या विश्वास से हुई है। आदि काल में मंत्र और धर्म में बड़ा संबंध था। प्रार्थना को एक प्रकार का मंत्र माना जाता था। मनुष्य का ऐसा विश्वास था कि प्रार्थना के उच्चारण से कार्यसिद्धि हो सकती है। इसलिये बहुत से लोग प्रार्थना को मंत्र समझते थे।

जब मनुष्य पर कोई आकस्मिक विपत्ति आती थी तो वह समझता था कि इसका कारण कोई अदृश्य शक्ति है। वृक्ष का टूट पड़ना, मकान का गिर जाना, आकस्मिक रोग हो जाना और अन्य ऐसी घटनाओं

का कारण कोई भूत या पिशाच माना जाता था और इसकी शांति के लिये मंत्र का प्रयोग किया जाता था। आकस्मिक संकट बार-बार नहीं आते। इसलिये लोग समझते थे कि मंत्र सिद्ध हो गया। प्राचीन काल में वैद्य ओषधि और मंत्र दोनों का साथ-साथ प्रयोग करता था। ओषधि को अभिमंत्रित किया जाता था और विश्वास था कि ऐसा करने से वह अधिक प्रभावोत्पादक हो जाती है। कुछ मंत्रप्रयोगकर्ता (ओझा) केवल मंत्र के द्वारा ही रोगों का उपचार करते थे। यह इनका व्यवसाय बन गया था।

मंत्र का प्रयोग सारे संसार में किया जाता था और मूलत: इसकी क्रियाएँ सर्वत्र एक जैसी ही थीं। विज्ञान युग के आरंभ से पहले विविध रोग विविध प्रकार के राक्षस या पिशाच माने जाते थे। अत: पिशाचों का शमन, निवारण और उच्चाटन किया जाता था। मंत्र में प्रधानता तो शब्दों की ही थी परंतु शब्दों के साथ क्रियाएँ भी लगी हुई थीं। मंत्रोच्चारण करते समय ओझा या वैद्य हाथ से, अंगुलियों से, नेत्र से और मुख से विधि क्रियाएँ करता था। इन क्रियाओं में त्रिशूल, झाड़ू, कटार, वृक्षविशेष की टहनियों और सूप तथा कलश आदि का भी प्रयोग किया जाता था। रोग की एक छोटी सी प्रतिमा बनाई जाती थी और उसपर प्रयोग होता था। इसी प्रकार शत्रु की प्रतिमा बनाई जाती थी और उसपर मारण, उच्चाटन आदि प्रयोग किए जाते थे। ऐसा विश्वास था कि ज्यों-ज्यों ऐसी प्रतिमा पर मंत्रप्रयोग होता है त्यों-त्यों शत्रु के शरीर पर इसका प्रभाव पड़ता जाता है। पीपल या वट वृक्ष के पत्तों पर कुछ मंत्र लिखकर उनके मणि या ताबीज बनाए जाते थै जिन्हें कलाई या कंठ में बाँधने से रोगनिवारण होता, भूत प्रेत से रक्षा होती और शत्रु वश में होता था। ये विधियाँ कुछ हद तक इस समय भी प्रचलित हैं। संग्राम के समय दुंदुभी और ध्वजा को भी अभिमंत्रित किया जाता था और ऐसा विश्वास था कि ऐसा करने से विजय प्राप्त होती है।

ऐसा माना जाता था कि वृक्षों में, चतुष्पथों पर, नदियों में, तालाबों में और कितने ही कुओं में तथा सूने मकानों में ऐसे प्राणी निवास करते हैं जो मनुष्य को दु:ख या सुख पहुँचाया करते हैं और अनेक विषम स्थितियाँ उनके कोप के कारण ही उत्पन्न हो जाया करती हैं। इनका

शमन करने के लिये विशेष प्रकार के मंत्रों और विविधि क्रियाओं का उपयोग किया जाता था और यह माना जाता था कि इससे संतुष्ट होकर ये प्राणी व्यक्तिविशेष को तंग नहीं करते। शाक्त देव और देवियाँ कई प्रकार की विपत्तियों के कारण समझे जाते थे। यह भी माना जाता था कि भूत, पिशाच और डाकिनी आदि का उच्चाटन शाक्त देवों के अनुग्रह से हो सकता है। इसलिये ऐसे देवों का मंत्रों के द्वारा आह्वान किया जाता था। इनकी बलि दी जाती थी और जागरण किए जाते थे।

गायत्री मन्त्र

गायत्री महामंत्र - वेदों का एक महत्त्वपूर्ण मंत्र है जिसकी महत्ता ॐ के बराबर मानी जाती है। यह यजुर्वेद के मन्त्र 'ॐ भूर्भुवः स्वः' और ऋग्वेद के छन्द 3.62.10 के मेल से बना है। इस मंत्र में सवितृ देव की उपासना है इसलिए इसे सावित्री भी कहा जाता है। ऐसा माना जाता है कि इस मंत्र के उच्चारण और इसे समझने से ईश्वर की प्राप्ति होती है। इसे श्री गायत्री देवी के स्त्री रूप में भी पूजा जाता है।

'गायत्री' एक छन्द भी है जो 24 मात्राओं 8+8+8 के योग से बना है । गायत्री ऋग्वेद के सात प्रसिद्ध छंदों में एक है। इन सात छंदों के नाम हैं- गायत्री, उष्णिक्, अनुष्टुप्, बृहती, विराट, त्रिष्टुप् और जगती। गायत्री छन्द में आठ-आठ अक्षरों के तीन चरण होते हैं। ऋग्वेद के मंत्रों में त्रिष्टुप् को छोड़कर सबसे अधिक संख्या गायत्री छंदों की है। गायत्री के तीन पद होते हैं (त्रिपदा वै गायत्री)। अतएव जब छंद या वाक के रूप में सृष्टि के प्रतीक की कल्पना की जाने लगी तब इस विश्व को त्रिपदा गायत्री का स्वरूप माना गया। जब गायत्री के रूप में जीवन की प्रतीकात्मक व्याख्या होने लगी तब गायत्री छंद की बढ़ती हुई महिता के अनुरूप विशेष मंत्र की रचना हुई, जो इस प्रकार है:

तत् सवितुर्वरेण्यं। भर्गोदेवस्य धीमहि। धियो यो नः प्रचोदयात्।
(ऋग्वेद ३,६२,१०)

गायत्री ध्यानम्

मुक्ता-विद्रुम-हेम-नील धवलच्छायैर्मुखस्त्रीक्षणै-

र्युक्तामिन्दु-निबद्ध-रत्नमुकुटां तत्त्वार्थवर्णात्मिकाम्।

गायत्रीं वरदा-ऽभयः-ऽङ्कुश-कशाः शुभ्रं कपालं गुण।

शंख, चक्रमथारविन्दुयुगलं हस्तैर्वहन्तीं भजे॥

गायत्री महामन्त्र-

ॐ भूर् भुवः स्वः।

तत् सवितुर्वरेण्यं।

भर्गो देवस्य धीमहि।

धियो यो नः प्रचोदयात् ॥

हिन्दी में भावार्थ

उस प्राणस्वरूप, दुःखनाशक, सुखस्वरूप, श्रेष्ठ, तेजस्वी, पापनाशक, देवस्वरूप परमात्मा को हम अपनी अन्तरात्मा में धारण करें। वह परमात्मा हमारी बुद्धि को सन्मार्ग में प्रेरित करे।

मन्त्र जप के लाभ

गायत्री मन्त्र का नियमित रुप से सात बार जप करने से व्यक्ति के आसपास नकारात्मक शक्तियाँ बिलकुल नहीं आती।

जप से कई प्रकार के लाभ होते हैं, व्यक्ति का तेज बढ़ता है और मानसिक चिन्ताओं से मुक्ति मिलती है।[1] बौद्धिक क्षमता और मेधाशक्ति यानी स्मरणशक्ति बढ़ती है।

गायत्री मन्त्र में चौबीस अक्षर होते हैं, यह 24 अक्षर चौबीस शक्तियों-सिद्धियों के प्रतीक हैं।

इसी कारण ऋषियों ने गायत्री मन्त्र को सभी प्रकार की मनोकामना को पूर्ण करने वाला बताया है।

यह मन्त्र सर्वप्रथम ऋग्वेद में उद्धृत हुआ है। इसके ऋषि विश्वामित्र हैं और देवता सविता हैं। वैसे तो यह मन्त्र विश्वामित्र के इस सूक्त के 18 मन्त्रों में केवल एक है, किन्तु अर्थ की दृष्टि से इसकी महिमा का अनुभव आरम्भ में ही ऋषियों ने कर लिया था और सम्पूर्ण ऋग्वेद के 10 सहस्र मन्त्रों में इस मन्त्र के अर्थ की गम्भीर व्यंजना सबसे अधिक की गई। इस मन्त्र में 24 अक्षर हैं। उनमें आठ आठ अक्षरों के तीन चरण हैं। किन्तु ब्राह्मण ग्रन्थों में और कालान्तर के समस्त साहित्य में इन अक्षरों से पहले तीन व्याहृतियाँ और उनसे पूर्व प्रणव या ओंकार को जोड़कर मन्त्र का पूरा स्वरूप इस प्रकार स्थिर हुआ:

(१) ॐ

(२) भूर्भव: स्व:

(३) तत्सवितुर्वरेण्यं भर्गो देवस्य धीमहि धियो यो न: प्रचोदयात्।

मन्त्र के इस रूप को मनु ने सप्रणवा, सव्याहृतिका गायत्री कहा है और जप में इसी का विधान किया है।

गायत्री तत्व क्या है और क्यों इस मन्त्र की इतनी महिमा है, इस प्रश्न का समाधान आवश्यक है। आर्ष मान्यता के अनुसार गायत्री एक ओर विराट् विश्व और दूसरी ओर मानव जीवन, एक ओर देवतत्व और दूसरी ओर भूततत्त्व, एक ओर मन और दूसरी ओर प्राण, एक ओर ज्ञान और दूसरी ओर कर्म के पारस्परिक सम्बन्धों की पूरी व्याख्या कर देती है। इस मन्त्र के देवता सविता हैं, सविता सूर्य की संज्ञा है, सूर्य के नाना रूप हैं, उनमें सविता वह रूप है जो समस्त देवों को प्रेरित करता है। जाग्रत् में सवितारूपी मन ही मानव की महती शक्ति है।

जैसे सविता देव है वैसे मन भी देव है (देवं मन: ऋग्वेद, १,१६४,१८)। मन ही प्राण का प्रेरक है। मन और प्राण के इस सम्बन्ध की व्याख्या गायत्री मन्त्र को इष्ट है। सविता मन प्राणों के रूप में सब कर्मों का अधिष्ठाता है, यह सत्य प्रत्यक्षसिद्ध है। इसे ही गायत्री के तीसरे चरण में कहा गया है। ब्राह्मण ग्रन्थों की व्याख्या है- कर्माणि धिय:, अर्थात् जिसे हम धी या बुद्धि तत्त्व कहते हैं वह केवल मन के द्वारा होनेवाले विचार या कल्पना सविता नहीं किन्तु उन विचारों का कर्मरूप में मूर्त होना है। यही उसकी चरितार्थता है। किंतु मन की इस कर्मक्षमशक्ति के लिए मन का सशक्त या बलिष्ठ होना आवश्यक है। उस मन का जो तेज कर्म की प्रेरण के लिए आवश्यक है वही वरेण्य भर्ग है। मन की शक्तियों का तो पारवार नहीं है। उनमें से जितना अंश मनुष्य अपने लिए सक्षम बना पाता है, वही उसके लिए उस तेज का वरणीय अंश है। अतएव सविता के भर्ग की प्रार्थना में विशेष ध्वनि यह भी है कि सविता या मन का जो दिव्य अंश है वह पार्थिव या भूतों के धरातल पर अवतीर्ण होकर पार्थिव शरीर में प्रकाशित हो। इस गायत्री मंत्र में अन्य किसी प्रकार की कामना नहीं पाई जाती। यहाँ एक मात्र अभिलाषा यही है कि मानव को ईश्वर की ओर से मन के रूप में जो दिव्य शक्ति प्राप्त हुई है उसके द्वारा वह उसी सविता का ज्ञान करे और कर्मों के द्वारा उसे इस जीवन में सार्थक करे।

गायत्री के पूर्व में जो तीन व्याहृतियाँ हैं, वे भी सहेतुक हैं। भू पृथ्वीलोक, ऋग्वेद, अग्नि, पार्थिव जगत् और जाग्रत् अवस्था का सूचक है। भुव: अंतरिक्षलोक, यजुर्वेद, वायु देवता, प्राणात्मक जगत् और स्वप्नावस्था का सूचक है। स्व: द्युलोक, सामवेद, आदित्यदेवता, मनोमय जगत् और सुषुप्ति अवस्था का सूचक है। इस त्रिक के अन्य अनेक प्रतीक ब्राह्मण, उपनिषद् और पुराणों में कहे गए हैं, किन्तु यदि त्रिक के विस्तार में व्याप्त निखिल विश्व को वाक् के अक्षरों के संक्षिप्त संकेत में समझना चाहें तो उसके लिए ही यह ॐ संक्षिप्त

संकेत गायत्री के आरम्भ में रखा गया है। अ, उ, म इन तीनों मात्राओं से ॐ का स्वरूप बना है। अ अग्नि, उ वायु और म आदित्य का प्रतीक है। यह विश्व प्रजापति की वाक है। वाक का अनन्त विस्तार है किंतु यदि उसका एक संक्षिप्त नमूना लेकर सारे विश्व का स्वरूप बताना चाहें तो अ, उ, म या ॐ कहने से उस त्रिक का परिचय प्राप्त होगा जिसका स्फुट प्रतीक त्रिपदा गायत्री है।

उपासना विधि

तीन माला गायत्री मंत्र का जप आवश्यक माना गया है। शौच-स्नान से निवृत्त होकर नियत स्थान, नियत समय पर, सुखासन में बैठकर नित्य गायत्री उपासना की जाती है।

उपासना का विधि-विधान इस प्रकार है -

(1) ब्रह्म सन्ध्या - जो शरीर व मन को पवित्र बनाने के लिए की जाती है। इसके अन्तर्गत पाँच कृत्य करने होते हैं।

(अ) पवित्रीकरण - बाएँ हाथ में जल लेकर उसे दाहिने हाथ से ढँक लें एवं मन्त्रोच्चारण के बाद जल को सिर तथा शरीर पर छिड़क लें।

ॐ अपवित्रः पवित्रो वा, सर्वावस्थांगतोऽपि वा।

यः स्मरेत्पुण्डरीकाक्षं स बाह्याभ्यन्तरः शुचिः॥

ॐ पुनातु पुण्डरीकाक्षः पुनातु पुण्डरीकाक्षः पुनातु।

(ब) आचमन - वाणी, मन व अन्तःकरण की शुद्धि के लिए चम्मच से तीन बार जल का आचमन करें। प्रत्येक मन्त्र के साथ एक आचमन किया जाए।

ॐ अमृतोपस्तरणमसि स्वाहा।

ॐ अमृतापिधानमसि स्वाहा।

ॐ सत्यं यशः श्रीर्मयि श्रीः श्रयतां स्वाहा।

(स) शिखा स्पर्श एवं वन्दन - शिखा के स्थान को स्पर्श करते हुए भावना करें कि गायत्री के इस प्रतीक के माध्यम से सदा सद्विचार ही यहाँ स्थापित रहेंगे। निम्न मन्त्र का उच्चारण करें।

ॐ चिद्रूपिणि महामाये, दिव्यतेजः समन्विते।

तिष्ठ देवि शिखामध्ये, तेजोवृद्धिं कुरुष्व मे॥

(द) प्राणायाम - श्वास को धीमी गति से गहरी खींचकर रोकना व बाहर निकालना प्राणायाम के क्रम में आता है। श्वास खींचने के साथ भावना करें कि प्राण शक्ति, श्रेष्ठता श्वास के द्वारा अन्दर खींची जा रही है, छोड़ते समय यह भावना करें कि हमारे दुर्गुण, दुष्प्रवृत्तियाँ, बुरे विचार प्रश्वास के साथ बाहर निकल रहे हैं। प्राणायाम निम्न मन्त्र के उच्चारण के साथ किया जाए।

ॐ भूः ॐ भुवः ॐ स्वः ॐ महः, ॐ जनः ॐ तपः ॐ सत्यम्। ॐ तत्सवितुर्वरेण्यं भर्गो देवस्य धीमहि धियो यो नः प्रचोदयात्। ॐ आपोज्योतीरसोऽमृतं, ब्रह्म भूर्भुवः स्वः ॐ।

(य) न्यास - इसका प्रयोजन है-शरीर के सभी महत्त्वपूर्ण अंगों में पवित्रता का समावेश तथा. अन्तः की चेतना को जगाना ताकि देव-पूजन जैसा श्रेष्ठ कार्य किया जा सके। बाएँ हाथ की हथेली में जल लेकर दाहिने हाथ की पाँचों उँगलियों को उनमें भिगोकर बताए गए स्थान को मन्त्रोच्चार के साथ स्पर्श करें।

ॐ वाᵲ मे आस्येऽस्तु। (मुख को)

ॐ नसोर्मे प्राणोऽस्तु। (नासिका के दोनों छिद्रों को)

ॐ अक्ष्णोर्मे चक्षुरस्तु। (दोनों नेत्रों को)

ॐ कर्णयोर्मे श्रोत्रमस्तु। (दोनों कानों को)

ॐ बाह्वोर्मे बलमस्तु। (दोनों भुजाओं को)

ॐ ऊर्वोर्मे ओजोऽस्तु। (दोनों जंघाओं को)

ॐ अरिष्टानि मेऽङ्गानि, तनूस्तन्वा मे सह सन्तु। (समस्त शरीर पर)

आत्मशोधन की ब्रह्म संध्या के उपरोक्त पाँचों कार्य का भाव यह है कि साधक में पवित्रता एवं प्रखरता की अभिवृद्धि हो तथा मलिनता-अवांछनीयता की निवृत्ति हो। पवित्र-प्रखर व्यक्ति ही भगवान के दरबार में प्रवेश के अधिकारी होते हैं।

(2) देवपूजन - गायत्री उपासना का आधार केन्द्र महाप्रज्ञा-ऋतम्भरा गायत्री है। उनका प्रतीक चित्र सुसज्जित पूजा की वेदी पर स्थापित कर उनका निम्न मन्त्र के माध्यम से आवाहन करें। भावना करें कि साधक की प्रार्थना के अनुरूप माँ गायत्री की शक्ति वहाँ अवतरित हो, स्थापित हो रही है।

ॐ आयातु वरदे देवि त्र्यक्षरे ब्रह्मवादिनि।

गायत्रिच्छन्दसां मातः! ब्रह्मयोने नमोऽस्तु ते॥

ॐ श्री गायत्र्यै नमः। आवाहयामि, स्थापयामि, ध्यायामि, ततो नमस्कारं करोमि।

(ख) गुरु - गुरु परमात्मा की दिव्य चेतना का अंश है, जो साधक का मार्गदर्शन करता है। सद्गुरु के रूप में पूज्य गुरुदेव एवं वंदनीया माताजी का अभिवन्दन करते हुए उपासना की सफलता हेतु गुरु आवाहन निम्न मंत्रोच्चारण के साथ करें।

ॐ गुरुर्ब्रह्मा गुरुर्विष्णुः, गुरुरेव महेश्वरः।

गुरुरेव परब्रह्म, तस्मै श्रीगुरवे नमः॥

अखण्डमंडलाकारं, व्याप्तं येन चराचरम्।

तत्पदं दर्शितं येन, तस्मै श्रीगुरवे नमः॥

ॐ श्रीगुरवे नमः, आवाहयामि, स्थापयामि, ध्यायामि।

(ग) माँ गायत्री व गुरु सत्ता के आवाहन व नमन के पश्चात् देवपूजन में घनिष्ठता स्थापित करने हेतु पंचोपचार द्वारा पूजन किया जाता है। इन्हें विधिवत् सम्पन्न करें। जल, अक्षत, पुष्प, धूप-दीप तथा नैवेद्य प्रतीक के रूप में आराध्य के समक्ष प्रस्तुत किये जाते हैं। एक-एक करके छोटी तश्तरी में इन पाँचों को समर्पित करते चलें। जल का अर्थ है - नम्रता-सहृदयता। अक्षत का अर्थ है - समयदान अंशदान। पुष्प का अर्थ है - प्रसन्नता-आन्तरिक उल्लास। धूप-दीप का अर्थ है - सुगन्ध व प्रकाश का वितरण, पुण्य-परमार्थ तथा नैवेद्य का अर्थ है - स्वभाव व व्यवहार में मधुरता-शालीनता का समावेश।

ये पाँचों उपचार व्यक्तित्व को सत्प्रवृत्तियों से सम्पन्न करने के लिए किये जाते हैं। कर्मकाण्ड के पीछे भावना महत्त्वपूर्ण है।

(3) जप - गायत्री मन्त्र का जप न्यूनतम तीन माला अर्थात् घड़ी से प्रायः पंद्रह मिनट नियमित रूप से किया जाए। अधिक बन पड़े, तो

अधिक उत्तम। होठ हिलते रहें, किन्तु आवाज इतनी मन्द हो कि पास बैठे व्यक्ति भी सुन न सकें। जप प्रक्रिया कषाय-कल्मषों-कुसंस्कारों को धोने के लिए की जाती है।

ॐ भूर्भुवः स्वः तत्सवितुर्वरेण्यं भर्गो देवस्य धीमहि धियो यो नः प्रचोदयात्।

इस प्रकार मन्त्र का उच्चारण करते हुए माला की जाय एवं भावना की जाय कि हम निरन्तर पवित्र हो रहे हैं। दुर्बुद्धि की जगह सद्बुद्धि की स्थापना हो रही है।

(4) ध्यान - जप तो अंग-अवयव करते हैं, मन को ध्यान में नियोजित करना होता है। साकार ध्यान में गायत्री माता के अंचल की छाया में बैठने तथा उनका दुलार भरा प्यार अनवरत रूप से प्राप्त होने की भावना की जाती है। निराकार ध्यान में गायत्री के देवता सविता की प्रभातकालीन स्वर्णिम किरणों को शरीर पर बरसने व शरीर में श्रद्धा-प्रज्ञा-निष्ठा रूपी अनुदान उतरने की भावना की जाती है, जप और ध्यान के समन्वय से ही चित्त एकाग्र होता है और आत्मसत्ता पर उस क्रिया का महत्त्वपूर्ण प्रभाव भी पड़ता है।

(५) सूर्याघ्र्यदान - विसर्जन-जप समाप्ति के पश्चात् पूजा वेदी पर रखे छोटे कलश का जल सूर्य की दिशा में र्अघ्य रूप में निम्न मंत्र के उच्चारण के साथ चढ़ाया जाता है।

ॐ सूर्यदेव! सहस्रांशो, तेजोराशे जगत्पते।

अनुकम्पय मां भक्त्या गृहाणाघ्र्यं दिवाकर॥

ॐ सूर्याय नमः, आदित्याय नमः, भास्कराय नमः॥

भावना यह करें कि जल आत्म सत्ता का प्रतीक है एवं सूर्य विराट् ब्रह्म का तथा हमारी सत्ता-सम्पदा समष्टि के लिए समर्पित-विसर्जित हो रही है।

इतना सब करने के बाद पूजा स्थल पर देवताओं को करबद्ध नतमस्तक हो नमस्कार किया जाए व सब वस्तुओं को समेटकर यथास्थान रख दिया जाए। जप के लिए माला तुलसी या चन्दन की ही लेनी चाहिए। सूर्योदय से दो घण्टे पूर्व से सूर्यास्त के एक घण्टे बाद तक कभी भी गायत्री उपासना की जा सकती है।[2] मौन-मानसिक जप चौबीस घण्टे किया जा सकता है। माला जपते समय तर्जनी उंगली का उपयोग न करें तथा सुमेरु का उल्लंघन न करें।

शान्ति मंत्र

शान्ति मन्त्र वेदों के वे मंत्र हैं जो शान्ति की प्रार्थना करते हैं। ये सब हिंदुओं के पवित्र ग्रंथ वेद से लिये गये हैं। वेद चार हैं - ऋग्वेद, यजुर्वेद, सामवेद एवं अथर्ववेद। उपनिषद इन्हीं वेदों के वेदान्तिक अंश हैं।

विभिन्न शान्ति मन्त्र

बृहदारण्यक उपनिषद् तथा ईशावास्य उपनिषद्-

ॐ पूर्णमदः पूर्णमिदम् पूर्णात् पूर्णमुदच्यते।

पूर्णस्य पूर्णमादाय पूर्णमेवावशिष्यते ॥

ॐ शान्तिः शान्तिः शान्तिः ॥

तैत्तिरीय उपनिषद्-

ॐ शं नो मित्रः शं वरुणः। शं नो भवत्वर्यमा। शं नः इन्द्रो वृहस्पतिः। शं नो विष्णुरुरुक्रमः। नमो ब्रह्मणे। नमस्ते वायो। त्वमेव प्रत्यक्षं ब्रह्मासि। त्वमेव प्रत्यक्षम् ब्रह्म वदिष्यामि। ऋतं वदिष्यामि। सत्यं वदिष्यामि। तन्मामवतु। तद्वक्तारमवतु। अवतु माम्। अवतु वक्तारम्। "ॐ शान्तिः शान्तिः शान्तिः ॥

तैत्तिरीय उपनिषद्, कठोपनिषद्, मांडूक्योपनिषद् तथा श्वेताश्ववतरोपनिषद्-

ॐ सह नाववतु।

सह नौ भुनक्तु।

सह वीर्यं करवावहै।

तेजस्विनावधीतमस्तु मा विद्विषावहै ॥

ॐ शान्तिः शान्तिः शान्तिः ॥

केन उपनिषद् तथा छांदोग्य उपनिषद्-

ॐ आप्यायन्तु ममांगानि वाक्प्राणश्चक्षुः

श्रोत्रमथो बलमिन्द्रियाणि च सर्वाणि।

सर्वम् ब्रह्मौपनिषदम् माऽहं ब्रह्म

निराकुर्यां मा मा ब्रह्म

निराकरोदनिराकरणमस्त्वनिराकरणम् मेऽस्तु।

तदात्मनि निरते य उपनिषत्सु धर्मास्ते

मयि सन्तु ते मयि सन्तु।

ॐ शान्तिः शान्तिः शान्तिः ॥

ऐतरेय उपनिषद्-

ॐ वां मे मनसि प्रतिष्ठिता

मनो मे वाचि प्रतिष्ठित-मावीरावीर्म एधि।

वेदस्य म आणिस्थः श्रुतं मे मा प्रहासीरनेनाधीतेनाहोरात्रान्

संदधाम्यृतम् वदिष्यामि सत्यं वदिष्यामि तन्मामवतु

तद्वक्तारमवत्ववतु मामवतु वक्तारमवतु वक्तारम्।

ॐ शान्तिः शान्तिः शान्तिः ॥

मुण्डक उपनिषद्, माण्डूक्य उपनिषद् तथा प्रश्नोपनिषद्-

ॐ भद्रं कर्णेभिः शृणुयाम देवाः।

भद्रं पश्येमाक्षभिर्यजत्राः।

स्थिरैरंगैस्तुष्टुवागं सस्तनूभिः।

व्यशेम देवहितम् यदायुः।

स्वस्ति न इन्द्रो वृद्धश्रवाः।

स्वस्ति नः पूषा विश्ववेदाः।

स्वस्ति नस्ताक्ष्र्यो अरिष्टनेमिः।

स्वस्ति नो बृहस्पतिर्दधातु ॥

ॐ शान्तिः शान्तिः शान्तिः ॥

अन्य स्रोतों से-

शान्ति मन्त्र वेदों व वैदिक साहित्य में अन्यत्र भी हैं जिनमें से कुछ अत्यन्त प्रसिद्ध हैं।

ॐ द्यौः शान्तिरन्तरिक्षं शान्तिः

पृथिवी शान्तिराप: शान्तिरोषधय: शान्ति:।

वनस्पतय: शान्तिर्विश्वेदेवा: शान्तिर्ब्रह्म शान्ति:

सर्वं शान्ति:, शान्तिरेव शान्ति: सा मा शान्तिरेधि ॥

ॐ शान्ति: शान्ति: शान्ति: ॥

यजुर्वेद के इस शांति पाठ मंत्र में सृष्टि के समस्त तत्वों व कारकों से शांति बनाये रखने की प्रार्थना करता है। इसमें यह गया है कि द्युलोक में शांति हो, अंतरिक्ष में शांति हो, पृथ्वी पर शांति हों, जल में शांति हो, औषध में शांति हो, वनस्पतियों में शांति हो, विश्व में शांति हो, सभी देवतागणों में शांति हो, ब्रह्म में शांति हो, सब में शांति हो, चारों और शांति हो, शांति हो, शांति हो, शांति हो।

वैसे तो इस मंत्र के जरिये कुल मिलाकर जगत के समस्त जीवों, वनस्पतियों और प्रकृति में शांति बनी रहे इसकी प्रार्थना की गई है, परंतु विशेषकर हिंदू संप्रदाय के लोग अपने किसी भी प्रकार के धार्मिक कृत्य, संस्कार, यज्ञ आदि के आरंभ और अंत में इस शांति पाठ के मंत्रों का मंत्रोच्चारण करते हैं।

ऐसे ही बृहदारण्यकोपनिषद् में मंत्र है, जिसे पवमान मन्त्र या पवमान अभयारोह मन्त्र कहा जाता है।

ॐ असतो मा सद्गमय।

तमसो मा ज्योतिर्गमय।

मृत्योर्माऽमृतं गमय।

ॐ शान्ति: शान्ति: शान्ति: ॥

बृहदारण्यकोपनिषद् 1.3.28।

इसका अर्थ है, मुझे असत्य से सत्य की ओर ले चलो। मुझे अन्धकार से प्रकाश की ओर ले चलो। मुझे मृत्यु से अमरता की ओर ले चलो॥

यह मन्त्र मूलतः सोम यज्ञ की स्तुति में यजमान द्वारा गाया जाता था। आज यह सर्वाधिक लोकप्रिय मंत्रों में है, जिसे प्रार्थना की तरह दुहराया जाता है।

स्वस्तिक मन्त्र

स्वस्तिक मंत्र या स्वस्ति मन्त्र शुभ और शांति के लिए प्रयुक्त होता है। स्वस्ति = सु + अस्ति = कल्याण हो। ऐसा माना जाता है कि इससे हृदय और मन मिल जाते हैं। मंत्रोच्चार करते हुए दर्भ से जल के छींटे डाले जाते हैं तथा यह माना जाता है कि यह जल पारस्परिक क्रोध और वैमनस्य को शांत कर रहा है। स्वस्ति मन्त्र का पाठ करने की क्रिया 'स्वस्तिवाचन' कहलाती है।

ॐ स्वस्ति न इन्द्रो वृद्धश्रवाः।

स्वस्ति नः पूषा विश्ववेदाः।

स्वस्ति नस्ताक्ष्यों अरिष्टनेमिः।

स्वस्ति नो बृहस्पतिर्दधातु ॥

ॐ शान्तिः शान्तिः शान्तिः ॥

गृहनिर्माण के समय स्वस्तिक मंत्र बोला जाता है। मकान की नींव में घी और दुग्ध छिड़का जाता है। ऐसा विश्वास है कि इससे गृहस्वामी को दुधारू गाएँ प्राप्त होती हैं एवं गृहपत्नी वीर पुत्र उत्पन्न करती है। खेत में बीज डालते समय मंत्र बोला जाता है कि विद्युत् इस अन्न को क्षति न पहुँचाए, अन्न की विपुल उन्नति हो और फसल को कोई कीड़ा न लगे। पशुओं की समृद्धि के लिए भी स्वस्तिक मंत्र का प्रयोग होता है जिससे उनमें कोई रोग नहीं फैलता है। गायों को खूब संतानें होती हैं।

यात्रा के आरंभ में स्वस्तिक मंत्र बोला जाता है। इससे यात्रा सफल और सुरक्षित होती है। मार्ग में हिंसक पशु या चोर और डाकू नहीं मिलते हैं। व्यापार में लाभ होता है, अच्छे मौसम के लिए भी यह मंत्र

जपा जाता है जिससे दिन और रात्रि सुखद हों, स्वास्थ्य लाभ हो तथा खेती को कोई हानि न हो।

पुत्रजन्म पर स्वस्तिक मंत्र बहुत आवश्यक माना जाता है। इससे बच्चा स्वस्थ रहता है, उसकी आयु बढ़ती है और उसमें शुभ गुणों का समावेश होता है । इसके अलावा भूत, पिशाच तथा रोग उसके पास नहीं आ सकते हैं । षोडश संस्कारों में भी मंत्र का अंश कम नहीं है और यह सब स्वस्तिक मंत्र हैं जो शरीररक्षा के लिए तथा सुखप्राप्ति एवं आयुवृद्धि के लिए प्रयुक्त होते हैं। ॐ शांतिः शांतिः शांतिः।।

महा मृत्युंजय मंत्र जाप विधि

Maha Mrityunjaya Mantra : एक ऐसा मंत्र है जिससे मृत्यु भी घबराती है। इस मंत्र में इतनी शक्ति है कि यमदूत भी प्राण हरने से पहले कई बार सोचते हैं, क्योंकि यह महा मृत्युंजय मंत्र स्वयं महाकाल को प्रसन्न करता है। यह Maha Mrityunjaya Mantra श्लोक ऋग्वेद और यजुर्वेद में भी पाया जाता है।

सतयुग में ब्रह्मा, त्रेता युग में सूर्य भगवान, द्वापर युग में भगवान विष्णु और इस कलिकाल में भगवान महादेव की उपासना, उनका जप, उनका अनुष्ठान, ध्यान, सुमिरन, चिंतन और मनन इस कलियुग में अत्यंत लाभकारी और दुखहारी होता है।

महा मृत्युंजय मंत्र के जप के संपूर्ण विधि शास्त्र विधि के द्वारा हम आपको बता रहे है, आप एक एक पॉइंट पर विशेष ध्यान दीजिएगा।

महा मृत्युंजय मंत्र - Maha Mrityunjaya Mantra

ॐ हौं जूं सः ॐ भूर्भुवः ॐ स्वः ॐ त्र्यम्बकं यजामहे सुगन्धिम्पुष्टिवर्धनम्।

उर्वारुकमिवबन्धनान्मृत्योर्मुक्षीय मामृतात्।।

ॐ स्वः भुवः भूः ॐ सः जूं हौं ॐ

1. Maha Mrityunjaya Mantra जप का प्रारंभ कब और कैसे करे?

प्रदोष के दिन, शिवरात्रि के दिन या कृष्ण पक्ष की जो शिवरात्रि आती है उस दिन से या श्रावण सोमवार से श्रावण पक्ष से, या आप विशेष कार्य करना चाहते हैं किसी रोग पीड़ित व्यक्ति के लिए जप करना चाहते हैं,

तो आप भगवान महादेव की आज्ञा से प्रारंभ कर सकते हैं।

दूसरा यह समझना है कि आपको जाप का प्रारंभ कैसे करना चाहिए, आप शिवालये में जाइये, मंदिर में जाकर आप रुद्राभिषेक कीजिए और रुद्राभिषेक करके अपने हाथों में संकल्प ले।संकल्प लेने के लिए दाए हात पानी ले और ये कहे "में मंगल कामना के लिए महामृत्युंजय मंत्र का जप अनुष्ठान कर रहा हूं हे महादेव मेरे मंत्र को आप परिपूर्ण कीजिएगा।"

2. महा मृत्युंजय मंत्र जप के लिए उचित स्थान

मंत्र जप उचित फल पाने के लिए भगवान महादेव के समुख कर सकते है। इसके अलावा नदी घाट,पर्वत, मंदिर,घर का देव घर।

3. मंत्र जाप के लिए आसन

कंबल का आसन, कोई ऊनि आसन या कोई भी सुंदर आसन हो, जो आपको बाजार से उपलब्ध हो जाए आप उस में बैठकर जप कीजिए और यदि आप कुशा के आसन में बैठकर जप कर सकते हैं, तो इससे सुंदर क्या हो सकता है। स्त्रियों को कुशा का आसान वर्जित है।

4. माला:

केवल रुद्राक्ष की माला

महा मृत्युंजय मंत्र जप के फायदे-Maha Mrityunjaya Mantra Benefits

- यदि किसको किसीभी चीज ,व्यक्ति, स्थान, अन्य इसमें से कोनसा भी भय हो, उस भय से छुटकारा पाने के लिए इस मंत्र का ११०० जप करे।
- व्यक्ति किसीभी रोगोसे पीड़ित हो उसे रोग से मुक्ति पाने के ;लिए इस मंत्र का ११०० जप करे।

- पुत्र की प्राप्ति के लिए, उन्नति के लिए, अकाल मृत्यु से बचने के लिए ७५००० हजार की संख्या में महामृत्युंजय मंत्र का जप किया जाता है।

धनवान बनने के लिए 3 गुप्त शीघ्र मंत्र

Mahalaxmi धन प्राप्ति Mantra: क्या आप भी अपने जीवन में धन की कमी से पीड़ित हैं? क्या आप चाहते हैं कि आपके घर में धन, समृद्धि और खुशियां हमेशा बनी रहें? यदि हाँ, तो आप अपने जीवन में Mahalaxmi गुप्त धन प्राप्ति Mantra का उपयोग कर सकते हैं।

Mahalaxmi शीघ्र धन प्राप्ति Mantra से आप धन, समृद्धि और खुशियां प्राप्त कर सकते हैं। इस लेख में, हम आपको Mahalaxmi नित्य धन प्राप्ति Mantra के बारे में सभी जानकारी देंगे जो आपको इस Mantra का उपयोग करने में मदद करेंगी।

Laxmi प्राप्ति के लिए कौन सा Mantra है?

वैसे तो माँ Laxmi की कृपा प्राप्त करने के लिए अनेक साधन होते हैं, अनेक उपाय, टोटके, वैदिक मंत्र और बहुत सारे माँ लक्ष्मी के मंत्र। इनमें से जो "श्री" बीज अक्षर वाला होता है, वह भी माँ लक्ष्मी का बीज मंत्र है।

इस बीज मंत्र का आप जप करोगे तो भी आपको माता लक्ष्मी की कृपा प्राप्त होगी। हालांकि, हमने आपके लिए कुछ लक्ष्मी प्राप्ति मंत्र दिए हैं ये मंत्र सिद्ध होते हैं और तत्काल अपना प्रभाव दिखाते हैं।

महालक्ष्मी गुप्त धन प्राप्ति मंत्र

सुबह स्नान करने के बाद, मौन रहकर उत्तर की ओर मुँह कर पद्मासन में बैठें और कमलगट्टे की माला से उक्त मन्त्र की एक माला जपें। इसे

शुभ मुहूर्त में करें।

मंत्र:

ॐ क्रां क्रीं हां हीं, उसभमजियं च वन्दे ।

सम्भव मभिणं दणं च सुमई, पउयप्पह सुपोस चिणं च।

पंदप्पहं वन्दे स्वाहा।।

विधि:

इस मंत्र अनुसार, अगर आप सात दिनों तक दूध, दही, चावल, और खोवा जैसे आहार लेते हैं तथा भूमि पर सोते हैं, तो आप अपनी मनोचाही सिद्धि प्राप्त कर सकते हैं।

इस मंत्र के अनुसार, अगर आप ब्रह्मचर्य व सत्य के पालन करते हैं तो आपको धन-वृद्धि, ऐश्वर्य, ऋद्धि-सिद्धि, मनोचाही इच्छा के पूर्ति, रुका हुआ काम, खोया हुआ धन वापस मिलता है।

इस मंत्र का उच्चारण विशेष रूप से जैन धर्म में बहुत महत्त्वपूर्ण माना जाता है। यह धन प्राप्ति के लिए अनेक लोगों द्वारा आज भी उपयोग में लाया जाता है।

महालक्ष्मी शीघ्र धन प्राप्ति मंत्र

इस मंत्र का जप भी प्रातः काल स्नानादि से निवृत्त होकर १०८ बार प्रत्येक दिन करना चाहिए।

मंत्र:

जिमि सरिता सागर महुं जाहीं।

जद्यपि ताहि कामना नाहीं।।

तिमि सुख- संपति बिनहिं बोलाएं।

धरमसील पहिं जाहि सुभाएं।।

विधि:

इसके नियमित जप से अनेकानेक लाभ प्राप्त होते हैं। तीनों कालों में एक-एक माला मन्त्र का जप करें तो धन की वृद्धि होती है और पच्चीस का एक यंत्र लिखकर धूप-दीप से पूजन कर उसे सामने रखकर मन्त्र जप करें तो शीघ्र कार्यसिद्धि और धन प्राप्ति होती है तथा रोजी भी मिलती है।

महालक्ष्मी नित्य धन प्राप्ति मंत्र

जो भी व्यक्ति इस महालक्ष्मी नित्य धन प्राप्ति मंत्र का जाप करता है, उसके जीवन में कभी भी धन की कमी नहीं होती है।

मंत्र:

ॐ ह्रीं श्री क्रीं श्रीं क्रीं क्लीं श्रीं लक्ष्मी मम

गृहे धन पुरय पूरय चिंताय दुरय दुरय स्वाहा।

विधि:

नित्य प्रातः शौच व स्नानादि से निवृत्त होकर एक सौ आठ बार मन्त्र का जप करें तो व्यापार में तेजी आ जाएगी, जिससे अच्छा धन का

लाभ होगा।

निष्कर्ष:

जीवन में चल रही धन की समस्या को दूर करनेके लिए इन 3 Mahalaxmi धन प्राप्ति Mantra का उपयोग करके अपना जीवन खुशहाली से भर दे धन्यवाद।

तंत्रोक्त शनि देव मंत्र

Shani Dev Ki Aarti | शनि मंत्र | शनि चालीसा | शनि देव की आरती: शनि का नाम सुनकर ही लोगों के अन्दर एक प्रकार का अनजाना सा भय जाग उठता है। शनि को लोग अत्यन्त क्रूर मानते हैं।

आम जनता में यह धारणा बन चुकी है कि शनि की अशुभ दृष्टि जिस पर पड़ती है उसका सर्वनाश हो जाता है। अनेक प्रकार के दुःख, रोग-व्याधि, धन-हानि, लड़ाई-झगड़े आदि होने लगते हैं किन्तु यह पूर्ण सत्य नहीं है क्योंकि कोई भी देवता क्रूर नहीं होता। हां यह अवश्य है कि मानव यदि अनुचित कर्म करता है तो उसे देवता प्रताड़ित करते हैं।

प्रताड़ित करने का उद्देश्य यह होता है कि वह (व्यक्ति) अनुचित कर्मों को छोड़कर सत्कर्म करे । ठीक उसी प्रकार ग्रहों की स्थिति है। सौर मण्डल में नौ ग्रह माने गये हैं। उन नौ ग्रहों में एक 'शनिग्रह' भी है।

यह अपनी भीषणता के लिए जगत विख्यात है। यही नहीं कि यह जातक को हर प्रकार से हानि ही देता है बल्कि यह कहना उचित होगा कि जातक के जन्म के समय शनिग्रह की जो स्थिति (शुभ या अशुभ) होगी उसी अनुसार जातक को फल प्रदान करता है।

तंत्रोक्त शनि देव मंत्र - shani mantra

shani mantra: का जप आरम्भ करने से पूर्व विधिपूर्वक विनियोग ऋष्यादिन्यास, करन्यास आदि करें। यदि जातक की जन्मकुण्डली में शनि शुभ भाव में विराजमान हो तो जातक को राजा बना देता है।

धन-सम्पत्ति मोटर वाहन, मकान, सन्तान आदि सभी से परिपूर्ण कर देता है। अशुभ होने पर दुःख, धन-हानि, रोग, दरिद्रता आदि अनेक प्रकार की विषम स्थितियां उत्पन्न कर देता है।

विनियोग अस्य............

श्री शनि मंत्रस्याथर्वण ऋषिः, गायत्री छन्दः, शनैश्चरो देवता,

आपो बीजं, शं शक्तिः, अभीष्ट सिध्यये विनियोगः ।

ऋष्यादिन्यास ....

अथर्वण ऋषये नमः शिरसि

गायत्री छन्दसे नमःमुखे

शनैश्चर देवतायै नमः हृदये - - - -

आपोबीजाय नमः गुह्ये

शं शक्तये नमः पाद्यो

करन्यास

ॐ अंगुष्ठाभ्यां नमः ।
खां तर्जनीभ्यां नमः ।
खीं मध्यमाभ्यां नमः ।
खूं अनामिकाभ्यां नमः ।
सः कनिष्ठिकाभ्यां नमः ।
ॐ खां खीं खूं सः करतल कर पृष्ठाभ्यां नमः ।

अथ ध्यानम् ....

न्यासादि करने के उपरान्त निम्नलिखित मंत्र का पाठ करते हुए शनि देव के स्वरुप का ध्यान करें

ॐ नीलाम्बरः शूलधरः किरीटी गृध्र स्थितस्त्रासकरो धनुष्मान् ।
चतुर्भुजः सूर्यसुतः प्रशान्तः सदास्तु मह्यं वरदोल्पगामी ।।

ध्यान के उपरान्त निम्न मंत्रों में से किसी एक मंत्र का जाप उसके सम्मुख दी गयी जप संख्या के अनुसार करें.....

ॐ शं शनैश्चराय नमः । न्यूनतम जप संख्या 23 हजार है (तंत्रसार के अनुसार)

ॐ प्रां प्रीं प्रौं सः शनये नमः । यह तंत्रोक्त बीज मंत्र है। इसकी जप संख्या 19 हजार है

ॐ खां खीं खूं सः । जप संख्या 19 हजार है।

FAQ :

1. शनि देव की सबसे प्रिय राशि कौन सी है?
A: वृषभ, तुला, मकर और कुंभ यह राशि शनि देव की अत्यंत प्रीय मानी जाती है।
2. शनि किसका देवता था?
A: शनि देव कर्म के देवता है, व्यक्ति के कर्म के अनुसार अच्छा या बुरा फल देते है।
3. शनिदेव को खुश करने के लिए क्या करना चाहिए?
A: शनिदेव को खुश करने के व्यक्ति को सत्कर्म यानि अच्छे काम दान धर्म करना चाहिए।

4. शनि देव को क्या प्रिय है?
A: शनि देव को सरसों का तेल अत्यंत प्रिय है।

छात्रों के लिए शक्तिशाली सरस्वती मंत्र कवच

छात्रों के लिए शक्तिशाली सरस्वती मंत्र: इस कवच को ब्रह्मा जी ने भगवान श्रीकृष्ण से प्राप्त किया था बृहस्पति और शुक्र आचार्य दोनों की बुद्धिमत्ता के पीछे यही कवच है।

वाल्मीकि जी की कविताओं के पीछे यही कवच है कणाद, व्यास, दक्ष कात्यायन, वशिष्ठ, पराशर, भरद्वाज इन सारे महर्षि यों की सिद्धियों के पीछे भी इसी कवच का प्रभाव है।

इस कवच के ऋषि हैं प्रजापति छंद है बृहती इसके विनियोग हैं ज्ञान और मेधा शक्ति की प्राप्ति वाकपटुता की प्राप्ति और सारे कार्यों में विजय इसका पठन किया जाता है।

छात्रों के लिए शक्तिशाली सरस्वती मंत्र कवच

छात्रों के लिए शक्तिशाली सरस्वती मंत्र: पढ़ाई की देवी है मां सरस्वती यह एक प्रार्थना है एक आह्वान है कि हे मां मेरे शरीर के अंग अंग में आप विराजमान हो जाइए मेरे शरीर को दही भी ऊर्जा से भर दीजिए मेरी रक्षा कीजिए मुझे आशीर्वाद दीजिए।

।।ब्रह्मोवाच।।

शृणु वत्स प्रवक्ष्यामि कवचं सर्वकामदम्।

श्रुतिसारं श्रुतिसुखं श्रुत्युक्तं श्रुतिपूजितम्।।

उक्तं कृष्णेन गोलोके मह्यं वृन्दावने वमे।

रासेश्वरेण विभुना वै रासमण्डले।।

अतीव गोपनीयं च कल्पवृक्षसमं परम्।

अश्रुताद्भुतमन्त्राणां समूहैश्च समन्वितम्।।

यद् धृत्वा भगवाञ्छुक्रः सर्वदैत्येषु पूजितः।

यद् धृत्वा पठनाद् ब्रह्मन् बुद्धिमांश्च बृहस्पति।।

पठणाद्धारणाद्वाग्मी कवीन्द्रो वाल्मिको मुनिः।

स्वायम्भुवो मनुश्चैव यद् धृत्वा सर्वपूजितः।।

कणादो गौतमः कण्वः पाणिनीः शाकटायनः।

ग्रन्थं चकार यद् धृत्वा दक्षः कात्यायनः स्वयम्।।

धृत्वा वेदविभागं च पुराणान्यखिलानि च।

चकार लीलामात्रेण कृष्णद्वैपायनः स्वयम्।।

शातातपश्च संवर्तो वसिष्ठश्च पराशरः।

यद् धृत्वा पठनाद् ग्रन्थं याज्ञवल्क्यश्चकार सः।।

ऋष्यश्रृंगो भरद्वाजश्चास्तीको देवलस्तथा।

जैगीषव्योऽथ जाबालिर्यद् धृत्वा सर्वपूजिताः।।

कचवस्यास्य विप्रेन्द्र ऋषिरेष प्रजापतिः।

स्वयं च बृहतीच्छन्दो देवता शारदाम्बिका।।१

सर्वतत्त्वपरिज्ञाने सर्वार्थसाधनेषु च।

कवितासु च सर्वासु विनियोगः प्रकीर्तितः।।२

श्रीं ह्रीं सरस्वत्यै स्वाहा शिरो मे पातु सर्वतः।

श्रीं वाग्देवतायै स्वाहा भालं मे सर्वदावतु।।३

ॐ सरस्वत्यै स्वाहेति श्रोत्रे पातु निरन्तरम्।

ॐ श्रीं ह्रीं भारत्यै स्वाहा नेत्रयुग्मं सदावतु।।४

ऐं ह्रीं वाग्वादिन्यै स्वाहा नासां मे सर्वतोऽवतु।

ॐ ह्रीं विद्याधिष्ठातृदेव्यै स्वाहा ओष्ठं सदावतु।।५

ॐ श्रीं ह्रीं ब्राह्मयै स्वाहेति दन्तपङ्क्तीः सदावतु।

ऐमित्येकाक्षरो मन्त्रो मम कण्ठं सदावतु।।६

ॐ श्रीं ह्रीं पातु मे ग्रीवां स्कन्धौ मे श्रीं सदावतु।

ॐ श्रीं विद्याधिष्ठातृदेव्यै स्वाहा वक्षः सदावतु।।७

ॐ ह्रीं विद्यास्वरुपायै स्वाहा मे पातु नाभिकाम्।

ॐ ह्रीं ह्रीं वाण्यै स्वाहेति मम हस्तौ सदावतु।।८

ॐ सर्ववर्णात्मिकायै पादयुग्मं सदावतु।

ॐ वागधिष्ठातृदेव्यै सर्व सदावतु।।९

ॐ सर्वकण्ठवासिन्यै स्वाहा प्राच्यां सदावतु।

ॐ ह्रीं जिह्वाग्रवासिन्यै स्वाहाग्निदिशि रक्षतु।।१०

ॐ ऐं ह्रीं श्रीं क्लीं सरस्वत्यै बुधजनन्यै स्वाहा।

सततं मन्त्रराजोऽयं दक्षिणे मां सदावतु।।११

ऐं ह्रीं श्रीं त्र्यक्षरो मन्त्रो नैर्ऋत्यां मे सदावतु।

कविजिह्वाग्रवासिन्यै स्वाहा मां वारुणेऽवतु।।१२

ॐ सर्वाम्बिकायै स्वाहा वायव्ये मां सदावतु।

ॐ ऐं श्रीं गद्यपद्यवासिन्यै स्वाहा मामुत्तरेऽवतु।।१३

ऐं सर्वशास्त्रवासिन्यै स्वाहैशान्यां सदावतु।

ॐ ह्रीं सर्वपूजितायै स्वाहा चोर्ध्वं सदावतु।।१४

ऐं ह्रीं पुस्तकवासिन्यै स्वाहाधो मां सदावतु।

ॐ ग्रन्थबीजरुपायै स्वाहा मां सर्वतोऽवतु।।१५

इति ते कथितं विप्र ब्रह्ममन्त्रौघविग्रहम्।

इदं विश्वजयं नाम कवचं ब्रह्मरुपकम्।।

पुरा श्रुतं धर्मवक्त्रात् पर्वते गन्धमादने।

तव स्नेहान्मयाऽऽख्यातं प्रवक्तव्यं न कस्यचित्।।

गुरुमभ्यर्च्य विधिवद् वस्त्रालंकारचन्दनैः।

प्रणम्य दण्डवद् भूमौ कवचं धारयेत् सुधीः।।

पञ्चलक्षजपैनैव सिद्धं तु कवचं भवेत्।

यदि स्यात् सिद्धकवचो बृहस्पतिसमो भवेत्।।

महावाग्मी कवीन्द्रश्च त्रैलोक्यविजयी भवेत्।

शक्नोति सर्वे जेतुं स कवचस्य प्रसादतः।।

इदं ते काण्वशाखोक्तं कथितं कवचं मुने।

स्तोत्रं पूजाविधानं च ध्यानं वै वन्दनं तथा।।

।।इति श्रीब्रह्मवैवर्ते विश्वविजय-सरस्वतीकवचं सम्पूर्णम्।।

3
Shabar Mantra
शाबर मंत्र

Shabar Mantra | Shabar Mantra क्या है | शाबर मंत्र के फायदे | शाबर मंत्र के नुकसान | शाबर मंत्र सिद्ध करने की विधि | साबर मंत्र क्या है.

जिस तरह देवी देवता के कर्मकांड के लिए वैदिक मंत्र के विधि विधान है, उसी प्रकार नवनाथ संप्रदाय में शाबर मंत्र की परम्परा है। यह Shabar Mantra स्वयं सिद्ध शाबर मंत्र होते हैं, इसलिए इन्हें बोलना काफी आसान है और ये हर समस्या का निवारण करने की क्षमता रखते हैं।

Shabar Mantra का क्या मतलब होता है?

अत्यंत सरल भाषा में पाए जाने वाले सभी मंत्र Shabar Mantra माने जाते है। ये सभी मंत्र अत्यंत सरल भाषा में पाए जाते है परंतु इनका कोई अर्थ नहीं होता, यह मंत्र सभी बोली जाने वाली भाषाओं में पाए जाते है। यह स्वयं सिद्ध शाबर मंत्र कभी निष्फल नहीं जाते।

इनको प्रयोग के लिए दीक्षा या गुरु की कोई सामान्य प्रयोगों के लिए आवशकता नहीं पड़ती। आप विद्वान हो या तंत्रिक या फिर एक सामान्य व्यक्ति शाबर मंत्र के प्रभाव सभी को मिलेगे।

साबर मंत्र कौन से हैं?

वास्तव में साबर मंत्र को शाबर मंत्र कहा जाता है। साबर मंत्र की रचना सर्वप्रथम 'साबरी' नामक ऋषि ने की थी; किंतु उनके द्वारा रचित शाबर मंत्र बहुत ही अल्प संख्या में थे। साथ ही वह किसी कारणवश इस तीव्र प्रभावकारी मंत्र-विद्या का प्रचार-प्रसार भी न कर पाए।

उनके पश्चात् नवनाथों ने इस महान लोकोपकारी मंत्र-विद्या में जन-कल्याण की अपूर्व भावना का आभास किया, तब उन्होंने ही इस विद्या को जन-साधारण के बीच लोकप्रियता दिलाई। Sabar Mantra की अभूतपूर्व लोकप्रियता को देखते हुए बाद में इनके उगम का स्रोत नवनाथों को ही मान लिया गया।

व्यक्ति के जीवन में Shabar Mantra के फायदे

इन मंत्र को फायदा यह है की, ये याद करने मे भी आसन होते है इन्हे अलग से सिद्ध करने की आवश्यकता नहीं पड़ती वे स्वतः ही सिद्ध होते हैं। इस प्रकार के मंत्रों को केवल कंठस्थ करके 'भभूति' बनाकर देने अथवा 'झाड़ा' लगाने से पीड़ित व्यक्ति को फायदा मिल जाता है।

ऐसे सिद्ध मंत्र मौलिक रूप से ही 'सिद्ध' होते हैं, तथापि उनका यदा-कदा जप करने से उनका स्फुरण बढ़ जाता है और वे और अधिक ऊर्जावान हो जाते हैं।

शाबर मंत्र के नुकसान

शाबर मंत्र बड़े ही असरदार होते है इसलिए इनका गलत इस्तेमाल करने पर उस मंत्र के देवता का आप पर बुरा असर देखनेको मिल सकता है, साथ ही साथ यह आपको मानसिक रूप से भी पीड़ा पंहुचा सकता है।

मंत्रो के बड़े विचित्र प्रयोग भी है इसलिए इनको सावधानी पूर्वक न करनेपर शारीरिक या मानसिक हानी का सामना कर पड़ सकता है।

शाबर मंत्र सिद्ध करने की विधि

1. गुरु से ज्ञान तथा दीक्षा अवश्य प्राप्त करें।

2. अपने गुरु एवं परमात्मा पर पूर्ण विश्वास और श्रद्धा रखें।

3. साफ-स्वच्छ, धुले हुए वस्त्रों का उपयोग करें।

4. गुरु के सिवा किसी भी अन्य व्यक्ति से साधना सम्बन्धी कोई बात न करें।

5. गुरु के छत्र- छाया में ही अनुष्ठान करें। मन एवं शरीर को शुद्ध और पवित्र रखें।

6. साधना आरम्भ से पूर्व मंत्र को कण्ठस्थ करके जप करें।

7. साधना काल में शुद्ध देसी घी का अखण्ड दीपक जलायें।

8. साधना वाले दिनों में मौन धारण करें। जप के समय क्रोध, लड़ाई, चिंता आदि से बचें।

9. जप काल में झूठ का त्याग अवश्य करें। साधना काल में धूम्रपान या कोई अन्य नशा आदि न करें।

10. जप काल में भोग आदि सामग्री, फल-फूल, मिठाई आदि ताजा एवं शुद्ध होनी चाहिए।

11. साधक साधना में उपयोग की सामग्री (नैवेद्य, भोग) तथा अपना भोजन 'स्वयं तैयार करें।

12. जप के समय जल का जो पात्र समीप में रखे हों, उस पात्र का जल 24 घण्टे बाद किसी वृक्ष पर चढ़ा दें।

13. साधक, अनुष्ठान, जप के बाद भी नियमित मंत्र जप करते रहें।

9 पुराने असली स्वयं सिद्ध शाबर मंत्र

1. साधक के रक्षा हेतु मंत्र

मंत्र:

ॐ काली काली महाकाली। इन्द्र की बेटी, ब्रह्मा की साली ।

उड़ बैठी पीपल की डाली। दोनों हाथ बजावै ताली।

जहां जाये वज्र की ताली। वहां न आवे दुश्मन हाली ।

दुहाई कामरू कामाक्षा नैना योगिनी की।

ईश्वर महादेव गौरा पार्वती की। दुहाई वीर मसान की ।

विधि:

इस मंत्र का सात बार जाप करके तीन बार ताली बजाने से सब प्रकार से रक्षा होती है।

2. शिव शाबर मंत्र

इच्छा, सफलता, सिद्धि और मनोकामना प्राप्ति के लिये यह मंत्र

मंत्र:

आद अंत धरती आद अंत परमात्मा

दोनों बिच बैठे शिवजी महात्मा

खोल घड़ा दे डडा

देखू शिवजी महाराज तेरे शब्द तमशा

विधि

यह भगवान शिव का शाबर मंत्र है, यह मंत्र काफी असरदार है। शिव को जल चड़ाने के बाद इस मंत्र का 108 जाप करे कुछ दिन के बाद आपको विचित्र अनुभव होंगे पर अपने घबराना नहीं है और इस तरह 6 महीने तक जाप करनेसे इसकी सिद्दी हो जाएगी।

3. मंत्र की सिद्धि के लिए

मंत्र:

ॐ काली घाटे काली मां। पतित पावनी काली मां।

जवा फूले। स्थुरी जले। सेई जवा फूल में सीआ बेड़ाए।

देवीर अनुर्बले। एहि होत करिवजा होड़वे ।

ताही काली धर्मेर । वले काहार आझे राठे।

काली का चंडीर आसे।

विधि

बंगला भाषा में इस भगवती कालिका के शाबरी मंत्र को तीन बार जप कर दायें हाथ पर फूंक मारें और चाहें सो करें, निश्चय ही सफलता

प्राप्त होगी।

4. गुरु गोरक्षनाथ गुप्त मंत्र

मंत्र

गुरु जी गोरख जाती मछेन्द्र का चेला

शिव के रूप में दिखे अलबेला

कानों कुंडल गले में नादी हाथ त्रिशूल नाथ है आदि

अलख पुरुष को करूँ आदेश जन्म जन्म के काटो कलेश

भगवा वेश हाथ में खप्पर भैरव शिव का चेला

जहाँ जहाँ जाऊं नगर डगर लगे वहां फिर मेला

शिव का धुना गोरख तापे काल कंटक थर थर कांपे

मेरी रक्षा करे नव नाथ राम दूत हनुमन्त

रिद्धि सिद्धि आंगन विराजे माई अन्नपूर्णा

सुखवंत शब्द सांचा पिंड काचा चलो मन्त्र ईश्वरो वाचा

श्रीनाथजी गुरूजी को आदेश आदेश आदेश

विधि

ये दिव्य शाबरी मंत्र है आज तक दुर्लभरहा है गुरु शिष्य परम्परा मै आगे आने वाला गुप्त मंत्र है कोई भी काम करते वक़्त 11 बार जप

करे।

5. माँ काली रक्षा मन्त्र

मंत्र

ॐ कलिका खड्ग खप्पर लिए ठाडी ज्योत तेरी है।

निराली पीती भर भर रक्त प्याली कर भक्तो की रखवाली

ना कर रक्षा तो महाकाल भैरव की दुहाई।।

विधि

इस मंत्र को नवरात्री में प्रतिरात्री अपने समर्थ अनुसार जप करे । सामग्री गूगल धुप, सरसो के तेल का खड़ी बत्ती का दीपक, भोग में मिष्ठान या खीर, रक्त पुष्प यानि लाल फूल, माँ काली की सौम्य मुद्रा की फोटो।

उसके उपरांत जप अपनी नित्य पूजा में 11, 21, 27 या 54 बार करे । ये हर प्रकार से रक्षा करने में सामर्थ्य है। अगर कोई अनुभव हो तो आसान ना छोड़े ना ही घावराए। जप पूर्ण करे । 9 दिन का संकल्प ले कि प्रतिरात्री इतना जप करूँगा, करुँगी

संकल्प हेतु जल हाँथ में ले कर अपना नाम बोले जप संख्या बोले फिर जल जमीन पर छोड़ दे। उसके बाद माँ से अनुमति और जप पूर्ण होने की प्राथना करे । जप से पहले गुरु मन्त्र, गणपति मन्त्र का जप अवश्य करे ।

6. मोहन तेल

मंत्र:

ॐ नमो मोहिनी रानी। सिंहासन बैठी मोह रही दरबार।

मेरी भक्ति, गुरु की शक्ति । दुहाई गौरा पार्वती की।

बजरंग बली की आन । नहीं तो लोना चमारी की आन लगे।

विधि

चमेली के तेल पर अंगुली लगा करके इस मंत्र को सात बार जपें और फिर माथे पर इसी तेल की अंगुली लगा लें तो जो देखे सो मोहित हो।

7. वशीकरण तिलक

मंत्र

ॐ नमो आदेश गुरु को ।

राजा मोहूं, प्रजा मोहूं, मोहं ब्राह्मण बनियां,

हनुमन्त रूप में जगत मोहूं, तो रामचन्द्र परमाणियां,

गुरु की शक्ति, मेरी भक्ति, फुरो मंत्र ईश्वरोवाचा ।

विधि

शनिवार के दिन सिन्दूरी हनुमान जी की प्रतिमा का पूजन करें और मूर्ति को सिन्दूर का चोला चढ़ाएं। इसके बाद एक माला का जाप करें। यह जाप 21 दिन तक करें। जब आवश्यकता हो, यह मंत्र जपते हुए किसी चौराहे से मिट्टी उठा लें और लगाकर अभिलाषित व्यक्ति के

समक्ष जाएं तो वह अवश्य आज्ञा पालन करने लगेगा।

8. कामनासिद्धि मंत्र

मंत्र

कामः कामप्रदः कान्तः कामपालस्तथा

हरिः आनन्दो माधवश्चैव कामसं- सिद्धये जपेत्।

विधि

अभीष्ट कामना की सिद्धि के लिए उपरोक्त मंत्र का नियमित १०८ बार जप करना चाहिए। २१ दिनों के पश्चात् लाभ नजर आने लगेगा; परन्तु जप एकाग्रचित होकर नहीं करने पर कोई भी लाभ प्राप्त नहीं होगा।

9. दरिद्रता-हरण मंत्र

मंत्र

अतिथि पूज्य प्रियतम पुरारि के।

कामद धन दारिद दवारि के।।

विधि

इस मन्त्र का जप भी प्रातःकाल स्नानादि से निवृत्त होकर किया जाता है। ज प्रतिदिन 108 बार किया जाता है। 90 दिन के जप के बाद साधक इसे 21 बार जप सकते हैं। दरिद्रता दूर करने में यह सहायक मंत्र है।

Maran Mantra: गुप्त प्राचीन 5 शाबर मारण मंत्र प्रयोग

Maran Mantra: मारण का मतलब है किसी व्यक्ति को मंत्र-प्रयोग के द्वारा मृत्यु को प्राप्त करा देने से है। किसी व्यक्ति के द्वारा दूसरे व्यक्ति को मारना अत्यंत घृणित और जघन्य अपराध है; किंतु उस स्थिति में जबकि 'मारण-कर्म' करने वाले व्यक्ति को अपने प्राण बचाने का कोई रास्ता न सूझ रहा हो और सामने वाला हर हाल में उसे मौत के घाट उतारने पर तुला हुआ हो।

ऐसी दशा में भी 'मारण-कर्म' करने वाले को अपने शत्रु को पहले हर तरह से समझाना चाहिए; क्योंकि मानव हत्या शास्त्रों में भी निषेध और पापपूर्ण कर्म बताया गया है।

मारण तंत्र क्या होता हैं?

यदि किसी भी तरह अपनी आत्मरक्षा होती दिखाई न देती हो तो फिर व्यक्ति को अपनी प्राण रक्षा के लिए अपने शत्रु की जान लेने का अधिकार है। शाबर विद्या भी इस स्थिति में 'मारण-तंत्र कर्म ' करने को उचित ठहराती है। परिस्थितियां भले ही कैसी भी हों, मारण मंत्र का प्रयोग भली प्रकार सोच- विचार कर और अत्यंत आवश्यक होने पर ही करना चाहिए।

ध्यान रहे कि किसी प्राणी की हत्या के पाप के फल को साधक को भी हर हालत में किसी न किसी रूप में अवश्य ही भुगतना पड़ता है। इस बात को ध्यान में रखते हुए साधक को मारण-कर्म की ओर तभी प्रवृत होना चाहिए, जबकि इसके अलावा अन्य सभी मार्ग बंद हो गए हों,

अन्यथा नहीं।

Maran Mantra का प्रयोग कैसे करें और कब?

मारण की देवी अत्यंत उग्र और विध्वंसक है। इसी कारण इस कर्मशक्ति का स्फुरण तीव्र गति से होता है। मारण-कर्म में प्रवृत्त होने वाले साधक में इतनी शक्ति और सामर्थ्य होनी चाहिए कि वह शक्ति के इस तीव्र स्फुरण को झेल सके यदि किसी कारणवश साधक ऐसे समय में भयभीत होकर कायरता का भाव प्रकट करे और इस तीव्र स्फुरण को झेलने में अक्षम सिद्ध हो तो वह शक्ति साधक पर ही भीषण आघात करने से नहीं हिचकती।

इस प्रकार स्पष्टतः मारण-कर्म की ओर प्रवृत्त होने वाले साधकों को चाहिए कि सर्वप्रथम तो वे ऐसा कर्म करने में संकोच करें और अंततः यदि विवशतावश उन्हें यह कर्म करना भी पड़े तो इस बात का ध्यान रखें कि उनके स्वयं के प्राण भी. संकट में पड़ सकते हैं; अतः अपनी आत्मरक्षा के सभी उपाय करके और अपने आपको निर्भय, निर्द्वंद्व करके ही इस ओर पग बढ़ाएं।

यहां पर मारण मंत्र के 5 विशिष्ट प्रयोग और उनकी साधना विधि को सविवरण प्रस्तुत किया गया है।

पुतला मारण मंत्र - 1

शनिवार, मंगलवार अथवा नवरात्रों में सर्वप्रथम काली- मदिरा आदि से पूजन किया जाए और बाकला का प्रसाद चढ़ाया जाए। इसके पश्चात इस मंत्र का नित्य प्रति दस हजार की संख्या में जप किया जाए तो यह मंत्र सिद्ध हो जाता है।

मंत्र:

ॐ नमो काली का पूत भैरव चाल्यो,

काला कूकर बैठ चाल्यो ।

भौं भौं करै भैंरू का साटा बैरी के माथे पड़े,

नस नाड़िया फटें लोहू निकसे,

मैली मुशाणी चाटे चटकारा करे।

दिन उनारी बैरी मरे, आसो मैरानी को वाचा सिद्ध हो ।

साधना विधि

यह मंत्र सिद्ध हो जाने के बाद आटे का एक पुतला बनाएं और उसमें अपने शत्रु की प्राण-प्रतिष्ठा करें। इस पुतले को सामने रखकर सिद्ध मंत्र से एक हजार शत्रु की बार अभिमंत्रित करें। अब पुतले को जिस स्थिति में रखा जाएगा, वैसी दशा भी होगी।

यदि इस पुतले को खैर के अंगारों की आंच में तपाया जाए तो शत्रु भीषण ज्वर रोग से पीड़ित हो जाएगा। यदि फिर पुतले को शीतल जल में डाल दिया जाए तो शत्रु का ज्वर ठीक हो जाएगा।

आटे से निर्मित शत्रु की प्राण-प्रतिष्ठा और यथोचित मंत्रों से अभिमंत्रित इस पुतले को उस स्थान पर गाढ़ दिया जाए, जहां पर चिता के जलने से काला गोलाकार निशान बन जाता है। ऐसा करने पर शत्रु गंभीर रूप से रोगग्रस्त होकर मृत्यु का शिकार बनता है।

अमावस्या की रात्रि में नग्न होकर यदि इस पुतले को चिताग्नि में डाल दिया जाए तो शत्रु मृत्यु को प्राप्त हो जाता है।

शत्रु मारण मंत्र -2

यह मंत्र ग्रहणकाल अथवा दीपावली की रात्रि में जप करने से सिद्ध होता है। इस मंत्र का दस हजार की संख्या में जप किया जाता है, तभी इसकी सिद्धि प्राप्त होती है।

मंत्र:

ॐ नमो नरसिंहाय कपिल जटाय अमोघ

वीचा सत वृत्ताय महोग्रचंडरूपाय ।

ॐ ह्रीं ह्रीं क्षां क्षां क्षीं क्षीं क्षीं फट् स्वाहा ।

साधना

यह मंत्र सिद्ध करने के पश्चात अपने शत्रु को ध्यान में रखते हुए एक हजार लाल पुष्प, कोविदार तथा घी को मिलाकर होम करें। इसके साथ ही मंत्रोच्चारण भी करते रहें। ऐसा करने से शीघ्र ही शत्रु मृत्यु को प्राप्त होता है। कौए के पंख तथा पंजे प्राप्त करें।

इनके साथ ही कुश हाथ में लेकर किसी नदी पर पहुंचें। इन वस्तुओं के साथ मंत्रोच्चारण करते हुए नदी में 21 अंजुलि तर्पण करें। ऐसा करने से जिस शत्रु का मन-भाव से ध्यान किया जाएगा, कुछ समय पश्चात् वह मृत्यु को प्राप्त हो जाएगा।

तीव्र मारण मंत्र प्रयोग - 3

दीपावली की रात्रि अथवा ग्रहणकाल में इस मंत्र का दस हजार की संख्या में जप करने से यह मंत्र सिद्ध हो जाता है।

मंत्र:

'ॐ ह्रीं अमुकस्य हन् हन् स्वाहा।'

साधन विधि

इस मंत्र में प्रयुक्त शब्द 'अमुकस्य' के स्थान पर साध्य शत्रु के नाम का उच्चारण करें। कनेर के एक हजार फूल लें। उन्हें शुद्ध सरसों के तेल में भिगोकर सिद्ध मंत्र से अभिमंत्रित करके अग्नि में होम करें। ऐसा करने से शीघ्र ही शत्रु की मृत्यु हो जाती है।

मारण मंत्र - 4

दीपावली की रात्रि अथवा ग्रहणकाल में इस मंत्र का दस हजार की संख्या में जप करने से यह सिद्ध हो जाता है।

मंत्र:

ॐ नमो हाथ फाउड़ी कांधे मारा भैंरूं वीर मसाने खड़ा

लोहे की धनी वज्र का बाण वेग ना मारे

तो देवी कालका की आण गुरु की शक्ति मेरी भक्ति

फुरो मंत्र ईश्वरोवाचा, सत्य नाम आदेश गुरु का ।

साधना विधि

मंत्र सिद्धि के पश्चात दीपावली की रात्रि में चौका लगाकर और दीप प्रज्वलित करके गुग्गुल की धूनी दें। फिर उड़दों को सिद्ध मंत्र से अभिमंत्रित करके दीपक पर पहले 108 बार मारें और फिर 18 बार

मारें। इसके बाद उड़दों पर काले के खून को लगाकर, उन्हें राख में मिलाकर रखें। इन उड़दों में से तीन दाने लेकर उन्हें सिद्ध मंत्र से अभिमंत्रित करके शत्रु के शरीर पर मारें। ऐसा करने से शीघ्र ही शत्रु मृत्यु का शिकार हो जाता है।

अघोरी मारण मंत्र -5

दीपावली की रात्रि अथवा ग्रहणकाल में इस मंत्र का दस हजार की संख्या में जप करने से यह सिद्ध हो जाता है।

मंत्र:

'ॐ नमो काल रूपाय अमुकं भस्मी कुरु कुरु स्वाहा।'

साधन विधि

मंत्र में प्रयुक्त हुए शब्द 'अमुकं' के स्थान पर साध्य शत्रु के नाम का उच्चारण करें।

यह मंत्र सिद्ध हो जाने के बाद एक चिता की लकड़ी लाएं। भरणी नक्षत्र में पड़ने वाले मंगलवार को उसे इस सिद्ध मंत्र से 108 बार अभिमंत्रित करें। यह अभिमंत्रित लकड़ी जिस व्यक्ति के द्वार पर गाढ़ दी जाएगी, उसकी तत्काल मृत्यु हो जाएगी।

मंगलवार के दिन पंद्रह का यंत्र चिता की भस्म से विलोम करके बनाएं।पंद्रह का यंत्र इस प्रकार है-

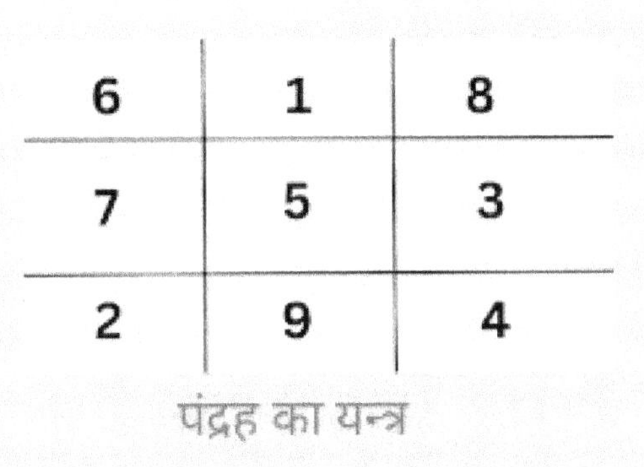

Enter Caption

इस यंत्र पर 108 बार उपरोक्त सिद्ध मंत्र का जप करें और जप करते हुए इस पर चिता की भस्म डालें। ऐसा करने पर शत्रु शीघ्र ही मृत्यु को प्राप्त हो जाता है।

मनुष्य की हड्डी को पान में रखकर इस सिद्ध मंत्र से 108 बार अभिमंत्रित करें और जिस व्यक्ति को इसे खिला दिया जाएगा, उसकी तत्काल मृत्यु हो जाएगी।

Shatru Nashak Mantra: इन 3 शक्तिशाली मंत्रो से दुश्मनोका हो जाएगा खात्मा

Shatru Nashak Mantra: शत्रु नाशक मंत्र शत्रुओं को नष्ट करने और उनके खिलाफ सुरक्षा प्रदान करने के लिए एक प्राचीन विद्या है। यह मंत्र और तंत्र का शत्रु का नाश करने का उपाय उपयोग करके शत्रुओं के प्रति निर्भय करता है और उन्हें नियंत्रित करता है।

यह शत्रु का नाश करने वाला मंत्र न केवल शत्रुओं को नष्ट करने में मदद करता है, बल्कि शत्रुओं के आक्रमण से बचाने के लिए भी एक सुरक्षा कवच के रूप में काम करता है। यह एक मंत्र विद्या है जो शत्रुओं को शांत करने और सभी प्रकार के खतरों से बचाने में मदद करता है।

हमारे जीवन में अक्सर ऐसे समय आते हैं जब हमें अपने शत्रुओं से निपटने की जरूरत होती है। क्या आप चाहेंगे कि आपके पास एक ऐसा उपाय हो जो आपके शत्रुओं को समाप्त कर सके? यहां हम आपको एक शक्तिशाली और प्रभावी shatru vinashak mantra के बारे में बताने जा रहे हैं, जिसका उपयोग करके आप अपने शत्रुओं से छुटकारा पा सकते हैं।

Shatru Nashak Mantra: क्या है और कैसे करें उपयोग?

Shatru Nashak Mantra एक प्राचीन तंत्रिक मंत्र है जिसका उपयोग शत्रुओं को समाप्त करने के लिए किया जाता है। इस मंत्र का जाप

करने से शत्रुओं की शक्ति का नाश होता है और वे आपके जीवन से दूर हो जाते हैं। शत्रु नाशक मंत्र को उच्चारित करने के लिए आपको ध्यान और श्रद्धा से इसका जाप करना होगा।

Shatru Nashak Mantra कैसे काम करता है?

शत्रु नाशक मंत्र का उपयोग करके शत्रुओं को नष्ट करने के लिए विभिन्न प्रकार के मंत्र और तंत्र का उपयोग किया जाता है। इन मंत्रों का चयन करने के लिए व्यक्ति को अपने शत्रु के प्रकार, स्वभाव, उद्देश्य और शत्रुता के स्तर पर ध्यान केंद्रित करना चाहिए

विभिन्न मंत्रों और तंत्रों का उपयोग करके, शत्रुओं के खिलाफ नकारात्मक ऊर्जा का प्रवाह करने और उन्हें नियंत्रित करने का प्रयास किया जाता है। यह मंत्रों के प्रयोग से शत्रुओं के मनोवैज्ञानिक स्तर पर असुरक्षित महसूस कराने का उद्देश्य रखता है और उन्हें हानी करने से रोकता है।

कुछ महत्वपूर्ण असरदार Shatru Nashak Mantra आगे दिए है:

1. गुप्त शत्रु नाशक Hanuman मंत्र

यह मंत्र महावीर हनुमानजी से संबंधित है; अत: उन्हीं के वार मंगलवार से इस मंत्र की सिद्धि हेतु साधना आरम्भ करनी चाहिए। यह साधना यदि किसी एकांत में स्थित हनुमान मंदिर में की जाए तो अधिक फलदायी सिद्ध होती है। इस मंत्र का किसी एकांत स्थल वाले हनुमान मंदिर में पवन पुत्र हनुमानजी का सिंदूर आदि से पूजन करके मंगलवार से लेकर सोमवार तक सात दिन लगातार एक माला का जप करना चाहिए। इस प्रकार से जप करने से यह मंत्र सिद्ध होता है।

मंत्र :

'पवन को पूत अंजनी को जाओ, राजा रामचन्द्र को हुकुम भयो।

फलाने वैरी को कुनवा मेरो किंकर भयो।

हुकुम अदूली न करे तो राधोराज को वचन पूरो न करे तो,

अंजनी माता के दूध को लजाए। शबद सांचा फुरो मंत्र हुम स्वाहा।

विधि:

इस मंत्र में प्रयुक्त हुए शब्द 'फलाने' के स्थान पर साधक को अपने शत्रु का नाम उच्चारित करना चाहिए। यह मंत्र सिद्ध हो जाने के पश्चात मंगलवार को गुड़, चना और सवा किलो आटे का एक रोट बनाकर हनुमानजी को चढ़ाना चाहिए।

पुजारी को एक थाली में आटा, दाल, घी, शक्कर, नमक, मिर्च और मसाले आदि के साथ यथाशक्ति दान-दक्षिणा देनी चाहिए। इसके आठ दिन बाद जब साधक भोजन ग्रहण करे तो वह मन-ही-मन इस सिद्ध मंत्र का सात बार उच्चारण करते हुए भोजन केवल हनुमानजी का स्मरण करते हुए ग्रहण करे।

शेष भोजन में मंत्रोच्चारण और हनुमानजी का स्मरण आवश्यक नहीं है। यह प्रयोग नित्य करने पर शत्रु साधक के वशीभूत हो जाता है। यदि किसी कारणवश पहली बार में इस प्रयोग से अपेक्षित सफलता न प्राप्त हो तो साधक को हनुमानजी में श्रद्धा-भक्ति रखते हुए पुनः यह प्रयोग करना चाहिए और सिद्धि हेतु हनुमानजी से विनती करनी चाहिए।

साधक को विशेष रूप से ध्यान रखना चाहिए कि वह भगवान श्रीराम में भी अगाध निष्ठा रखे क्योंकि भगवान् राम हनुमानजी के भी

आराध्य हैं और जो साधक भगवान् राम में श्रद्धा नहीं रखता, हनुमानजी भी उनके कार्य सिद्ध नहीं करते।

2. दुर्गा शत्रु नाश मंत्र

यह मंत्र विधि-विधानपूर्वक चामुण्डा माई का नवरात्रों में पूजन करते सिद्ध किया जाता है। आरती में कपूर, भोग में गुड़ और दही का मिश्रण अथवा मदिरा, उड़द के उबले दाने या मांस का प्रयोग करें। नवरात्रों के नौ दिनों में इस मंत्र की नित्य प्रति एक माला का जप करें। इस प्रकार यह मंत्र सिद्ध हो जाएगा।

मंत्र:

'ॐ नमो नमो नमो चामुण्डा माई, कालिया भेंरुआ सूकिया समूकिया,

इन्हीं बैरि बला को बांध । बांध याकूं मुख बांध चित बांध,

बुद्धी बांध हाथ बांध पांव बांध । चीरा चिरमिरी बांध,

आंख नाक कांख अंग-अंग बांध । जो न बांधे तो चमार को चमरोद चण्डाली की कुण्डी में गिर ।

लोना चमारी की अरज सौ-सौ महाकाल की आन । अलख निरंजन फू-फू करे,

मेरो बैरी को बैर जरे मंत्र सांचा पिंड कांचा गुरु की शक्ति ।'

विधि:

यह मंत्र सिद्ध करने के पश्चात् किसी शुभ मुहूर्त में नागरमोथा की जड़ को विधि-विधानपूर्वक ले आएं। नागरमोथा प्राय: नदियों में काफी

मात्रा में मिलता है। इसकी जड़ बहुत सुगंधित होती है। नागरमोथा की जड़ पर चांदी का तार लपेटते हुए इस सिद्ध मंत्र का उच्चारण करते रहें और चांदी का तार इतना जड़ पर लपेटें कि वह तार से पूरी तरह आच्छादित हो जाए।

ऐसा करने के बाद चांदीयुक्त नागरमोथा की जड़ को सामने रखकर अद्र्धरात्रि में सिद्ध मंत्र की एक माला का जप करें। इसके पश्चात साधक इस चांदीयुक्त नागरमोथा की अभिमंत्रित जड़ को मुख में रखकर जब अपने शत्रु के सम्मुख जाएगा तो शत्रु का मुख स्तम्भित हो जाएगा।

उसके मुख से साधक के विरुद्ध आवाज तक न निकल सकेगी। यह प्रयोग न्यायालय आदि स्थानों के लिए अत्यंत लाभप्रद सिद्ध होता है। चांदीयुक्त इस अभिमंत्रित जड़ को साधक यदि अपनी दाहिनी भुजा में बांध ले तो शत्रु अपने आप में अत्यंत निर्बलता का अनुभव करने लगेगा। यदि साधक चांदीयुक्त इस अभिमंत्रित जड़ को चंदन के साथ घिसकर अपने मस्तक पर तिलक लगाए तो शत्रु के नेत्र उसे देखते ही पीड़ा से युक्त हो उठेंगे।

शत्रु को सम्मुख देखकर साधक इस सिद्ध मंत्र का मन-ही-मन उच्चारण करते हुए दूर से ही शत्रु की ओर फूंक मार दे तो इससे शत्रु का मन और उसकी बुद्धि जड़ होने लगेंगे और शत्रु के मन से वैर-विरोध के भाव विस्मृत हो जाएंगे। यदि साधक को किसी कारणवश नागरमोथा की जड़ न उपलब्ध हो सके तो इसके स्थान पर सफेद चौंटली की जड़ का भी इसी भांति प्रयोग किया जा सकता है।

3. सर्व शत्रु नाशक काली मंत्र

अमावस्या की रात को काली मन्दिर में जाकर महाकाली का पूजन करें। पूजन में देशी घी और कच्ची घानी के तेल का दीपक जलायें। फिर काले कम्बल के आसन पर बैठकर दस माला उक्त मन्त्र का जप कर सिद्ध कर लें।

मंत्र :

ॐ काली काली महाकाली ब्रह्मा की बेटी इन्द्र की साली

खावे पान बजावे ताली जा बैठी पीपल की डाली बांध

'अमुक' को बांध परिवार समेत बांध,

ना बांधे तो तुझे गोरखनाथ की आन ।

विधि :

जब कभी शत्रु या किसी व्यक्ति को बांधना हो तो जरा-सी मिट्टी लेकर इकतीस बार मन्त्रोच्चारण करके उस मिट्टी को एक ही फूंक में उड़ा देने से शत्रु या वह व्यक्ति साधक के बन्धन में बंध जाता है। अमुक के नाम पर साध्य व्यक्ति का नाम लेना चाहिये ।

शत्रु नाशक मंत्र: कुछ महत्वपूर्ण टिप्स

शत्रु नाशक मंत्र का उपयोग करने से पहले आपको कुछ महत्वपूर्ण टिप्स का ध्यान रखना चाहिए:

शुद्ध मन: मंत्र का उच्चारण करने से पहले, आपको अपने मन को शुद्ध करना होगा। मन को शुद्ध करने के लिए ध्यान करें और निश्चिंत रहें।

विश्राम: मंत्र का उच्चारण करने से पहले, आपको अपने शरीर को विश्राम देना चाहिए। ध्यान या योग का अभ्यास करने से पहले, आप अपने शरीर को तंदरुस्त करने के लिए विश्राम कर सकते हैं।

सटीक उच्चारण: मंत्र का सही उच्चारण करने के लिए, आपको उसके वर्णों और ध्वनियों को सही ढंग से उच्चारण करना होगा। मंत्र का सही उच्चारण करने के लिए, आप एक गुरु से मदद ले सकते हैं या वेबसाइटों और वीडियोज का सहारा ले सकते हैं।

नियमितता: शत्रु नाशक मंत्र का नियमित उच्चारण करने से पहले, आपको निश्चित करना होगा कि आप इसे नियमित रूप से करें। नियमितता मंत्र के प्रभाव को बढ़ाती है और शत्रुओं को समाप्त करने में सहायता करती है।

श्रद्धा: मंत्र का उच्चारण करते समय, आपको पूरी श्रद्धा और विश्वास के साथ करना चाहिए। अपने मन को शांत करें और मंत्र के शक्ति में विश्वास रखें।

100% व्यक्ति का मन तथा भविष्य जानने की सरल विधि

भविष्य बताने वाला खेल क्या है? | भविष्य जानने की सरल विधि | भूत भविष्य वर्तमान जानने की साधना | त्रिकाल ज्ञान मंत्र | त्रिकालदर्शी मंत्र

आज की तेजी से बदलती दुनिया में भविष्य जानना एक जरूरत बनती जा रही है। भविष्य के बारे में जानना एक रोमांचक अनुभव हो सकता है। अधिकांश लोग अपने भविष्य के बारे में जानने की इच्छा रखते हैं। लेकिन इस इच्छा को पूरा करने के लिए अक्सर लोग विभिन्न विधियों का इस्तेमाल करते हैं, जैसे कि ज्योतिष, तांत्रिक विद्या और धार्मिक अनुष्ठान आदि।

इस लेख में हम आपको एक सरल विधि बताएंगे जिसके माध्यम से आप भविष्य के बारे में अधिक से अधिक जान सकते हैं। यह विधि स्वतंत्र है और इसका उपयोग करने के लिए आपको किसी भी विशेष अनुष्ठान की आवश्यकता नहीं होगी। इस ब्लॉग के माध्यम से, आप एक ऐसी सरल विधि सीखेंगे जिससे आप अपने भविष्य को आसानी से समझ सकेंगे।

भविष्य बताने वाला खेल क्या है?

ग्रामीण क्षेत्रों से जुड़ी भविष्य जानने की यह विद्या है। गांव में यह विद्या पुराने समय से भविष्य जानने के लिए, हमारे बुजुर्ग इस विद्या का इतेमाल करते थे।

यह साधना देखा जाये तो अत्यंत प्रभावी है इसलिए इसे अच्छा होगा की गुरु के सानिध्य में रहेकर ही कि जाये। क्योंकी इस साधना में बड़े ही विचत्र अनुभव होते है जो साधक को मानसिक हानि पोहच्या सकते है।

1. भूत भविष्य वर्तमान जानने का मंत्र

साधक नवरात्रों में भक्तिभाव से हनुमानजी का पूजन करे। फिर किसी हनुमान मंदिर में, जो एकांत में स्थित हो, वहां जाकर पूर्व दिशा की ओर मुख करके इस मंत्र का दस हजार की संख्या में जप करे।

मंत्र इस प्रकार है:

ॐ नमो वीर हनुमान, हाथ बताशा मुख सूं पान।

आओ हनुमान बताओ हाल, कालरथी को चेला अंजनी को लाल ।

अमुक मनुज को पीछा आगा, भविष सब ऊंचा नीचा।

पाप-पुण्य सब चोखा-चोखा, तुरतहि बताओ न बताओ तो, माता अंजनी का दूध हराम ।

गुरु गोरख उचारे, अंजनी का जाया हनुमान म्हारो काज संवारे।

मेरी भगति गुरु की शक्ति मंत्र सांचा ।

साधना विधि:

नवरात्रों के बाद साधक को नित्य प्रतिदिन एक माला इस मंत्र की जपते रहना चाहिए। छ: माह अथवा उससे पूर्व ही यह मंत्र चैतन्य होकर अपना चमत्कार दिखाने लगता है। धीरे-धीरे ध्यानावस्था में

दर्शन के साथ ही स्पष्ट रूप से आवाजें सुनाई देती प्रतीत होती हैं।

ऐसी स्थिति आने पर साधक को अपने अंदर और अधिक मंत्र-बल संजोकर रखना चाहिए। इसके लिए साधक नित्य प्रतिदिन अधिक संख्या में मंत्र-जप करे। मंत्र-जप विषम संख्या में तीन, पांच, सात, नौ... आदि मालाओं के अनुसार ही करना उत्तम रहता है।

साधक को हनुमानजी की साधना श्रद्धा-भक्ति के साथ करनी चाहिए और हनुमानजी को सिंदूर, चोला, नारियल, ध्वज, चना, गुड़ और रोट चढ़ाना चाहिए। हनुमान जयंति, रामनवमी और मंगलवार के व्रत पूजन आदि भक्ति-भाव से करने चाहिएं। इस प्रकार जप और पूजन करने से साधक को अभीष्ट की प्राप्ति होती है।

प्रयोग विधि:

जब कोई व्यक्ति साधक के पास अपना भविष्य पूछने के लिए आता है, तो साधक उससे उसका नाम-पता आदि पूछकर हनुमान जी के मूर्ती पर पान और बताशा चढ़ाने के लिए भेज दे। इसी बीच साधक हनुमानजी का ध्यान लगाकर मन ही मन मंत्र-जप करता रहे।

अमुक की जगह इच्छित व्यक्ति का नाम ले। साधक को इस ध्यानावस्था में ही उस व्यक्ति के भूत-भविष्य के बारे में सब कुछ ज्ञान हो जाता है। साथ ही उस व्यक्ति की समस्याएं और उनका हल भी साधक को ज्ञात हो जाता है।

सावधानियां

यह मंत्र प्रयोग विधि अत्यंत प्रभावी है, इसलिए इसे अच्छे गुरु के मार्गदर्शन में ही करे। हनुमान जी के सभी नियमनों का पालन करे। साधना काल में मित्रो से दुरी रखे, साधना गुप्त रखे। अगर साधना

काल में घबराट महसूस हो, तो रामरक्षा स्तोत्र का 11 बार पाठ करे।

अनुभूत व्यापार वृद्धि हनुमान मंत्र

व्यापार वृद्धि हनुमान मंत्र : यदि आप व्यापार करते है और वो सही से नहीं चल रहा है, दुकान में कस्टमर नहीं आ रहा है, दुकान की बिक्री बढ़ नहीं रही है, आये दिन Vyapar में घाटा होता है, तो ऐसे में आप सोचते है व्यापार बढ़ाने के लिए क्या करे? कैसे हम दुकान की बिक्री बढ़ाए?, दुकान की बिक्री बढ़ाने के लिए क्या करना चाहिए? ऐसे अनेको सवाल हमारे मन में उठते है। लेकिन हम आपके लिए बेहद असरदार व्यापार बढ़ाने का Vyapar Vridhi Mantra लाए है।

व्यापार वृद्धि हनुमान मंत्र इस मंत्र प्रयोग से व्यापार में आपको सफलता का रास्ता खुल जाएगा। आप देखेंगे की आपके दुकान में ग्राहक को की संख्या तेजीसे बढ़ रही है, व्यापार में फायदा होना चालू हो गया है, रोज की कमाई में इजाफा हो रहा है। तो चलिए जानते है कोनसा है वो व्यापार वृद्धि मंत्र ।

व्यापार में वृद्धि के लिए हनुमान मंत्र

व्यापार में वृद्धि के लिए मंत्र: इस मंत्र प्रयोग से व्यापार में आ रही परेशानियां किया कराया, दुकान की बिक्री न बढ़ना, व्यापार में हो रहा घाटा, ग्राहक का ना आना इन सब परेशानियां से आपको राहत मिलेगी।

मंत्र :

ॐ हनुमन्त वीर, रखो हद थीर, करो यह काम, वैपार बढ़े,

तंतर दूर हो, ट्टणा टूटे। ग्राहक बढ़े, कारज सिद्ध होय, न हो तो अंजनी की दुहाई।

मंत्र साधना:

यह एक व्यापार वृद्धि हनुमान शाबर मंत्र है। होली की रात अपने सामने एक हाथ लम्बा सूती कपड़ा बिछा दें और उस पर काले तिल की ढेरी बना दें एवं उस पर एक दीया जला दें। इस दीये में किसी भी प्रकार का तेल भरा जा सकता है। फिर दीपक के सामने सात लौंग, सात इलायची तथा सात लाल मिर्चें रख दें और दीपक के तेल में एक सियार सिंगी डाल दें, जो कि तेल में डुबी रहे।

इसके बाद साधक इस दीपक के सामने हाथ जोड़कर प्रार्थना करे कि यदि किसी ने मेरा व्यापार बाँध दिया हो तो वह दूर हो जाये और वापिस व्यापार दिन-दूना रात चौगुना फैलने लग जाये। इसके बाद साधक वहीं पर बैठ उपर्युक्त लिखे मन्त्र का जप करे।

जब एक घण्टे तक मंत्र जप हो जाये, तब दीया बुझा दें और दीपक, सियार सिंगी, तेल तथा अन्य वस्तुओं के साथ ही वह पोटली में बाँध दें। उस पोटली को सड़क के उस स्थान पर रख दें, जहाँ पर दो सड़कें आकर मिलती हैं।

यह पोटली रखने के बाद वापिस अपने घर लौट आयें और हाथ-पैर धो लें ऐसा करने पर व्यापार सम्बन्धित बाधाएं अथवा दोष दूर हो जाता है और दूसरे दिन से ही उसे व्यापार में उन्नति कार अनुभव होने लगता है। यह अपने आपमें श्रेष्ठ और सफल प्रयोग है।

पावरफुल बंगाली मंत्र विद्या: अंगूठे पर काजल लगाकर कुछ भी देखे

पावरफुल बंगाली मंत्र | बंगाली मंत्र विद्या: आपको भी बंगाल मंत्र के गुड़ रहस्य को जानना अच्छा लगता है, बंगाली मंत्र स्वयं सिद्ध होते है और बड़े ही पावरफुल होते है। इनसे अनेको कार्य हम कर सकते है, तो हम ऐसे ही एक विचत्र मगर बहुत पावरफुल बंगाली विद्या बता रहे है, जो गुड़ रहस्य से भरी पडी है।

यह एक ऐसा पावरफुल बंगाली मंत्र है जो हमारे भाग्य को बदल सकता है और हमारी समस्याओं का समाधान करने में सक्षम होता है।

जीवन में बहुत महत्वपूर्ण भूमिका निभाते हैं? इस लेख में हम आपको पावरफुल बंगाली मंत्र साधना विधि और प्रयोग के बारे में विस्तार से बताएंगे।

हजरत पावरफुल बंगाली मंत्र प्रयोग

यह एक महाकाली बंगाली मंत्र है। बंगाली मंत्र विद्या में इसका उपयोग पुराने समय से ही किया जाता आ रहा है। इसे हजरत विद्या भी कहते है क्योकि इसमें अगूंठे को काजल लगाकर कुछ भी देखा जा सकता है।

तांत्रिक इस हजरत विद्या का इस्तेमाल घर से बाहर जाने वाला व्यक्ति या फिर गुप्त धन देखने के लिए इसका प्रयोग करते है।

मंत्र: ॐ काली माता। काली माता। ओ तोते।।

साधना विधि

इस मंत्र का 21 दिन में इक्कीस हजार जप विधि-विधान सहित करने से यह मन्त्र सिद्ध होगा। फिर कपूर का काजल बनाकर उसमें कुछ बूंदे चमेली के सुगंधित तेल की डाल कर उस काजल को सम्भाल कर रखें।

प्रयोग विधि

आवश्यकता के समय जिस दिन आकाश साफ हो, तो सुबह आठ बजे से पहले किसी 11 वर्ष के बच्चे को आसन पर बिठा कर, इस मंत्र से गुड़ 21 बार अभिमंत्रित कर उसे खिलायें, फिर उसके दाहिने हाथ के अंगूठे पर काजल वाली स्याही लगा दें और बच्चे को उस काजल को ध्यान से देखने को कहें। जब लड़का उस अंगूठे पर ध्यान एकाग्रचित करेगा, तो उसे एक मैदान दिखाई देगा उसमें कुछ आकृतियां दिखाई देंगी।

तब लड़का कहे कि भंगी हाजिर हो तो अंगूठे वाले मैदान में भंगी आ जायेगा, तो लड़का उसे झाड़ लगाने को कहे, जब झाड़ू लगाकर खड़ा हो जाये, तो लड़का कहे भंगी साब आप जाये और पानी छिड़काव करने वालों को भेजें, जब पानी छिड़काव करने वाला आ कर खड़ा हो जाये, तो उसे लड़का पानी छिड़कने को कहे जब वह पानी छिड़ककर खड़ा हो जाय तो उसे लड़का आदेश करे कि आप जायें और फर्श लगाने वाले को भेजें।

जब फर्श लगाने वाला आकर फर्श लगादे और सिंहासन स्थापित कर दे, तो उसे कहे आप जाए और मुंशी जी या पण्डित जी को बुलायें।

जब वह मुंशी जी को साथ लेकर पधारें तो बालक उसने निवेदन करे कि मैं कुछ प्रश्न पूछना चाहता हूँ क्या उप इसके लिए तैयार हैं ? तो वह जब हाँ में सिर हिलाए तो लड़का मुंशी को कहे कि माँ कालिका जी को आदर सहित सिंहासन पर लाए।

जब माँ कालिका सिंहासन पर बिराजे तो लड़का माँ कालिका को 11 रुपये फल-फूल, मिठाई, अगरबत्ती से उनकी पूजा कर, जो प्रश्न मुंशी जी से पूछना चाहे पूछे।

मुंशी जी माँ कालिका से उत्तर पूछ कर बालक को हाँ या ना में जवाब देंगे या बालक मुंशी जी से निवेदन करेगा कि मुझे इस भाषा में लिखकर उत्तर दो तो मुंशी स्लेट पर लिखकर भी उत्तर देगा। प्रश्नों का उत्तर प्राप्त करने के बाद माँ कालिका की सवारी को वापिस जाने का निवेदन करें।

इस प्रयोग से साधक हर प्रकार के प्रश्नों के उत्तर प्राप्त कर सकता है। इस प्रयोग को सिद्ध करने वाला साधक कभी किसी से रुपया- पैसा न ले तथा गुरु से दीक्षा प्राप्त कर इस सिद्धि को सम्पन्न करें।

अन्य प्रयोग

इस प्रयोग को आप स्वय भी कर सकते है। आपको बस इस काजल को सूर्य या चंद्र ग्रहण में बनवा कर, इस मंत्र को १०८ बार बोलकर काजल अभिमंत्रित कर ले |

फिर जब हजरत देखनी हो, तो इस काजल को आपने दाहिने अंगूठे को लगाकर एक टक देखते रहे।

अंगूठे पर ध्यान एकाग्रचित होनेसे आपको मैदान दिखाई देगा उसमें कुछ आकृतियां दिखाई देंगी। इस समय जैसा प्रयोग विधि बताया है

वैसा ही करे।

कुंडलिनी चक्र कैसे जाग्रत करें

शरीर में छिपा रत्नों का भंडार होता है या आप ऐसा समझ सकते हैं कि हमारे शरीर में इतने रत्न होते हैं, लेकिन हमें इसकी जानकारी नहीं होती।

हम इन रत्नों को कैसे बाहर निकाल सकते हैं और कुंडलिनी चक्र कैसे जाग्रत करें? योग करने वाले यह मानते हैं कि योग के अभ्यास से अपने भीतर Kundalini चक्र को जागृत किया जा सकता है। इस शक्ति को सांप का प्रतीक दिया गया है। आदि योगी भगवान शिव के सिर पर भी सांप को प्रतीक के रूप में दिखाया जाता है।

Kundalini शक्ति कैसे जागृत करें?

मानव शरीर में 7 चक्र होते हैं इन्हें Kundalini कहते हैं। तंत्र शास्त्र में माना जाता है कि अगर मानव ने इन Kundalini Chakra को खोल दिया तो मानव ऊर्जावान हो जाता है, वह अलौकिक शक्तियों का अनुभव कर सकता है।

यह असाधारण बात लगती है, परन्तु यह साधना अत्यंत कठिन है, इसे अच्छे गुरु के मार्गदर्शन से किया जाना चाहिए।

Kundalini चक्र कैसे जाग्रत करें?

Kundalini चक्र जागरण स्वतः हो सकती है, या योग, ध्यान या सांस लेने जैसी विभिन्न प्रथाओं के माध्यम से की जा सकती है। जब ऊर्जा ऊपर उठती है, तो यह अत्यधिक शारीरिक, भावनात्मक और आध्यात्मिक अनुभवों का कारण बन सकती है।

कुछ लोग अपने शरीर में ऊर्जा के एक समूह को अनुभव करते हैं कुछ अपने आप से जुड़ने की भावना अनुभव करते हैं।

हमने आपके लिए एक कुंडलिनी जागरण शाबर मंत्र दिया है, वह नाथपंथी मंत्र है और अनुभूत मंत्र है जिससे आप कुंडलिनी चक्र को जाग्रत कर सकते है।

Kundalini जागरित करनेका Shabar Mantra विधि

कुंडलिनी जागरण शाबर मंत्र : इस मंत्र विधि विधान से प्रयोग करनेसे सफलता अवश्य मिलेगी बस विश्वास होना चाहिए।

मंत्र:

ॐ ह्रीं मम प्राण देह रोम प्रतिरोम चैतन्य जाग्रय ह्रीं ॐ नम:।

विधि:

माला: इस मंत्र का जाप करने के लिए आप किसीभी माला का इस्तेमाल कर सकते है भेहतर होगा सिद्ध रुद्राक्ष की माला का इस्तेमाल करे

मंत्र संख्या: इस मंत्र का 108 बार या 1008 बार जाप किया जा सकता है।

मंत्र दिन: इस मंत्र का आप हर दिन जप करे १०८ या १००८ बार कर सकते है।

आसन: आपके मन से।

दिशा: उतर या पूर्व की तरप मुख करके जप करे ।

जपपश्च्यातअगला मंत्र कहे: ना गुरोरधिकम,ना गुरोरधिकम,ना गुरोरधिकम शिव शासनतः,शिव शासनतः,शिव शासनतः।

यह एक अद्भुत कुंडलिनी जागरण शाबर मंत्र है। मंत्र जाप से शरीर के आंतरिक 7 चक्र शक्ति जागृत होती हैं। कालान्तर से कुंडलिनी शक्ति जागृत होती है, जप करते समय मंत्र अपने शरीर में गूंज रहा है ऐसी कल्पना करें।

निष्कर्ष:

कुण्डलिनी ऊर्जा हम सब में निद्रित शक्ति है। कुण्डलिनी योग जैसी अभ्यासों के माध्यम से, हम इस ऊर्जा को जागृत कर सकते हैं और अपनी आंतरिक क्षमताओं को खोल सकते हैं। जबकि जागरण की प्रक्रिया तीव्र हो सकती है, लेकिन फायदे अनेक हैं।

काल भैरव सिद्धि मंत्र

काल भैरव सिद्धि मंत्र: भारतीय संस्कृति में देवताओं की विस्तृत सूची है और इनकी पूजा विभिन्न अवसरों पर की जाती है। इनमें से एक देवता है काल भैरव, जो शिव के एक रूद्र रूप माने जाते है। एक दिन काल भैरव प्रकट साधना क्रिया में वर्तमान समय में काल भैरव और बटुक भैरव का ही पूजन किया जाता है।

सबसे पहले, मैं आपको बताना चाहूँगा कि बटुक भैरव सौम्य देवता है और सात्विक माने जाते हैं। वहीं, काल भैरव उग्र रूप हैं और प्रचंड रूप हैं, और तंत्र क्रियाओं में प्रमुख देव के रूप में पूजे जाते हैं। काल भैरव की साधना 21, 41 और 51 दिनों तक की जाती है।

एक दिन काल भैरव प्रकट साधना

एक दिन काल भैरव प्रकट साधना: यह कालभैरव साधना करनेसे अंदर आत्मविश्वास की इतनी ज्यादा बढ़ोतरी हो जाती है कि उसे खुद ही अपने अंदर से बहुत ही ज्यादा शक्ति महसूस होने लगती है। इसी तरह से जो काल भैरव का साधक होता है, उसकी आंखों में एक ऐसा प्रचंड तेज आ जाता है।

जैसे कि काफी लोगों के जीवन में बहुत सारे दुश्मन होते हैं और जब भी आप दुश्मन को देखते हैं, तो आपको ऐसा लगता होगा कुछ डर सा कुछ ऐसी परेशानी तो वह अक्सर ऐसा इसलिए होता है, क्योंकि आपकी जो अंदर की शक्ति है, जो अंदर की एनर्जी है वह कमजोर है।

काल भैरव मंत्र:

ॐ गुरु जी सत नाम आदेश आदि पुरुष को!

काला भैरूं, गोरा भैरूं, भैरूं रंग बिरंगा।

शिव गौरां को जब-जब ध्याऊं,

भैरूं आवे पास पूरण होय मनसा वाचा पूरण होय

आस लक्ष्मी ल्यावे घर आंगन में,

जिव्हा विराजे सुर की देवी, खोल घडा दे दड़ा।

काला भैरूं खप्पर राखे, गौरा झांझर पांव लाल भैरूं,

पीला भैरूं, पगां लगावे गांव दशों दिशाओं में पञ्च-पञ्च भैरूं।

पहरा लगावे आप दोनों भैरूं मेरे संग में चालें बम-बम करते जाप।

बावन भैरव मेरे सहाय हो गुरु रूप से, धर्म रूप से,

सत्य रूप से, मर्यादा रूप से, देव रूप से, शंकर रूप से,

माता पिता रूप से, लक्ष्मी रूप से, सिद्धि रूप से,

स्व कल्याण जन कल्याण हेतु सहाय हो, श्री शिव गौरां पुत्र भैरव।

शब्द सांचा पिंड कांचा चलो मंत्र ईश्वरो वाचा।

प्रयोग विधि :

कार्य सिद्ध करने के लिए बहुत ही गुप्त और प्रभावशाली मंत्र है। इसका उपयोग परोपकार के लिए करें। सिद्धि प्राप्त करने के लिए भैरव साधना मंत्र अलग है, प्रतिदिन 11 बार जाप करना चाहिए।

श्री शिव के पुत्र भैरव आपकी सहायता करेंगे, बूंदी के चार लड्डू लेकर मंत्र जाप कर काले कुत्ते को खिलाएं।

शनिवार या रविवार से अनुष्ठान चालू करे किसी पत्थर तीन कोण वाला टुकड़ा लेकर उसे एकांत मैं स्थापनकरे, उसपर तेल और सिंदूर लगाए भोग मैं बेसन लड्डू दिखाए।

निष्कर्ष (Conclusion):

पुराणों में काल भैरव साधना की महत्ता और महानता का वर्णन किया गया है। यह साधना अत्यंत शक्तिशाली है और अनेक लाभ प्रदान करती है। इस ब्लॉग आरंभ में हमने काल भैरव साधना के महत्वपूर्ण विवरणों को समझाया है और इसे कैसे करें उसकी जानकारी दी है। हमने यह भी बताया है कि यह साधना केवल अनुभवित साधकों के लिए होनी चाहिए और इसे सत्पुरुषों की मार्गदर्शन में करना चाहिए।

इसके अतिरिक्त, हमने इस ब्लॉग के माध्यम से साधकों को साधना में ध्यान देने के लिए निर्देश भी प्रदान किए हैं। काल भैरव साधना के द्वारा व्यक्ति अपार शक्तियों का आधार बनाता है और उसे सुख, संपत्ति, समृद्धि, रक्षा और उच्चतम स्तर की साधना तक पहुंचने में सहायता मिलती है।

यह साधना सच्ची भक्ति, अद्वैत साधना और निष्ठा के साथ की जानी चाहिए। इसका नियमित अभ्यास करने से व्यक्ति के जीवन में सुख और समृद्धि की गहराई में सुधार होता है।

भगवान शिव को प्रसन्न करने वाले 3 शीघ्र लाभ देनेवाले स्तोत्रं | Shiv Stotram

भगवान शिव को हर एक शिव भक्त प्रसन्न करना चाहता है। हम सभी जानते हैं कि कलियुग का यह समय चल रहा है और इस कलियुग में हर व्यक्ति तन, मन, धन और कई अन्य समस्याओं से पीड़ित है। जिस प्रकार रोगी को औषधि की आवश्यकता होती है, उसी प्रकार मन को भी ईश्वर की कृपा की आवश्यकता होती है।

शिव को प्रसन्न करने के लिए हम शिव मंदिर में जाकर शिव चालीसा का पाठ अवश्य ही करते है। उसी तरह इन प्रभावशाली, शीघ्र फलदायी 5 स्तोत्र का पाठ आपको करना है।

समस्त मनोरथ को पूर्ण करने वाले पांच दिव्य शिव स्तोत्र (Shiv stotram) हम आपको बताने वाले है, जिनको पढ़ने मात्र से ही आपके संपूर्ण मन की इच्छाएं पूर्ण होने लग जाती है।

भगवान शिव के 5 प्रभावशाली स्तोत्र

Shiv Stotram: भगवान महादेव एक ऐसे देव है जो केवल एक लोटा जल से ही प्रसन्न हो जाते हैं। इसलिए शीघ्र अति शीघ्र प्रसन्न होने वाले महादेव के निकट यदि 5 प्रभावशाली शिव स्तोत्र का पाठ करते हैं, तो विचार कीजिए आपको कितना शीघ्र फल प्राप्त हो सकता है।

1. पाशुपतास्त्र स्तोत्र | Pashupatastra Stotra

Pashupatastra Stotra: पाशुपतास्त्र स्तोत्र बहुत प्रभावशाली फल को देने वाला स्तोत्र हैं। अर्थात यदि मैं आपको बताऊं, कोई भी व्यक्ति असाध्य रोगों से, ग्रह पीड़ा से, ऊपरी बाधा से, मृततुल्य कष्टों से मुक्ति पाने के लिए पाशुपतास्त्र स्तोत्र का पाठ अवश्य करना चाहिए। इसे भगवान शिव का अमोघ अस्त्र माना जाता है।

पाशुपतास्त्र स्तोत्र के लाभ महादेव स्वयं कहते हैं कि, इसका एक बार पाठ करने से आपको निश्चित फल की प्राप्ति हो जाती है और यदि उसका आप 100 बार पाठ करें तो विचार कर लीजिए कि आपको उसका कितना लाभ प्राप्त होगा।

इसलिए इस कलयुग में पाशुपतास्त्र स्तोत्र अपने आप में दिव्य फलो से हमको अनुग्रहित करने वाला स्तोत्र माना जाता है।

यह स्तोत्रा अग्नि पुराण के 322 वें अध्याय से लिया गया है। यह अत्यन्त प्रभावशाली व शीघ्र फलदायी प्रयोग है। यदि मनुष्य इस स्तोत्र का पाठ करे तो अवश्य फायदा मिलेगा। शनिदेव शिव भक्त भी हैं और शिव के शिष्य भी हैं। शनि के गुरु शिव होने के कारण इस अमोघ प्रयोग का प्रभाव और अधिक बढ़ जाता है। यदि किसी साधारण व्यक्ति के भी गुरु की कोई आवभगत करें तो वह कितना प्रसन्न होता है। फिर शनिदेव अपने गुरु की उपासना से क्यों नहीं प्रसन्न होंगे। इस स्तोत्र के पाठ से भगवान शिव शीघ्र प्रसन्न होते हैं और शिव की प्रसन्नता से शनिदेव खुश होकर संबंधित व्यक्ति को अनुकूल फल प्रदान करते हैं।

जैसा कि इसका नाम अमोघ प्रयोग है, उसी प्रकार यह किसी भी कार्य के लिए अमोघ राम बाण है। जिस वर या कन्या के विवाह में विलंब होता है, यदि इस पाशुपत-स्तोत्रा का प्रयोग जैसा कि बताया गया है 1008 की संख्या में पाठ करने के बाद दशांश, हवन, तर्पण एवं मार्जन

कर यथा शक्ति ब्राह्मण भोजन कराकर पूर्णाहुति करें तो निश्चित रूप से शीघ्र ही उन्हें दाम्पत्य सुख का लाभ मिलता है। केवल इतना ही नहीं, अन्य सांसारिक कष्टों को दूर करने के लिए भी 1008 पाठ या जप, हवन, तर्पण, मार्जन आदि करने से अभीष्ट फल की प्राप्ति होती है।

मंत्र पाठ

पाशुपतास्त्र स्त्रोत का 21 दिन नियमित सुबह-शाम 21-21 पाठ प्रतिदिन करें। साथ ही नीचे लिखे स्तोत्र का एक सौ आठ बार अवश्य जाप करें और सुबह या शाम को इस मंत्र की 51 आहुतियां काले तिल से हवन अवश्य करें।

इस पाशुपत स्तोत्र का मात्र एक बार जप करने पर ही मनुष्य समस्त विघ्नों का नाश कर सकता है ।

सौ बार जप करने पर समस्त उत्पातो को नष्ट कर सकता है तथा युद्ध आदि में विजय प्राप्त के सकता है ।

इस मंत्र का घी और गुग्गल से हवं करने से मनुष्य असाध्य कार्यों को पूर्ण कर सकता है ।

इस पाशुपातास्त्र मंत्र के पाठ मात्र से समस्त क्लेशो की शांति हो जाती है ।

स्तोत्रम

ॐ नमो भगवते महापाशुपतायातुलबलवीर्यपराक्रमाय त्रिपन्चनयनाय नानारुपाय नानाप्रहरणोद्यताय सर्वांगडरक्ताय भिन्नांजनचयप्रख्याय श्मशान वेतालप्रियाय सर्वविघ्ननिकृन्तन

रताय सर्वसिध्दिप्रदाय भक्तानुकम्पिने असंख्यवक्त्रभुजपादाय तस्मिन् सिध्दाय वेतालवित्रासिने शाकिनीक्षोभ जनकाय व्याधिनिग्रहकारिणे पापभन्जनाय सूर्यसोमाग्नित्राय विष्णु कवचाय खडगवज्रहस्ताय यमदण्डवरुणपाशाय रूद्रशूलाय ज्वलज्जिह्वाय सर्वरोगविद्रावणाय ग्रहनिग्रहकारिणे दुष्टनागक्षय कारिणे ।

ॐ कृष्णपिंग्डलाय फट । हूंकारास्त्राय फट । वज्र हस्ताय फट । शक्तये फट । दण्डाय फट । यमाय फट । खडगाय फट । नैऋताय फट । वरुणाय फट । वज्राय फट । पाशाय फट । ध्वजाय फट । अंकुशाय फट । गदायै फट । कुबेराय फट । त्रिशूलाय फट । मुदगराय फट । चक्राय फट । पद्माय फट । नागास्त्राय फट । ईशानाय फट । खेटकास्त्राय फट । मुण्डाय फट । मुण्डास्त्राय फट । काङ्कालास्त्राय फट । पिच्छिकास्त्राय फट । क्षुरिकास्त्राय फट । ब्रह्मास्त्राय फट । शक्त्यस्त्राय फट । गणास्त्राय फट । सिध्दास्त्राय फट । पिलिपिच्छास्त्राय फट । गंधर्वास्त्राय फट । पूर्वास्त्रायै फट । दक्षिणास्त्राय फट । वामास्त्राय फट । पश्चिमास्त्राय फट । मंत्रास्त्राय फट । शाकिन्यास्त्राय फट । योगिन्यस्त्राय फट । दण्डास्त्राय फट । महादण्डास्त्राय फट । नमोअस्त्राय फट । शिवास्त्राय फट । ईशानास्त्राय फट । पुरुषास्त्राय फट । अघोरास्त्राय फट । सद्योजातास्त्राय फट । हृदयास्त्राय फट । महास्त्राय फट । गरुडास्त्राय फट । राक्षसास्त्राय फट । दानवास्त्राय फट । क्षौ नरसिन्हास्त्राय फट । त्वष्ट्रास्त्राय फट । सर्वास्त्राय फट । नः फट । वः फट । पः फट । फः फट । मः फट । श्रीः फट । पेः फट । भूः फट । भुवः फट । स्वः फट । महः फट । जनः फट । तपः फट । सत्यं फट । सर्वलोक फट । सर्वपाताल फट । सर्वतत्व फट । सर्वप्राण फट । सर्वनाड़ी फट । सर्वकारण फट । सर्वदेव फट । ह्रीं फट । श्रीं फट । डूं फट । स्त्रुं फट । स्वां फट । लां फट । वैराग्याय फट । मायास्त्राय फट । कामास्त्राय फट । क्षेत्रपालास्त्राय फट । हुंकरास्त्राय फट ।

भास्करास्त्राय फट । चंद्रास्त्राय फट । विघ्नेश्वरास्त्राय फट । गौः गां फट । स्त्रों स्त्रौं फट । हौं हों फट । भ्रामय भ्रामय फट । संतापय संतापय फट । छादय छादय फट । उन्मूलय उन्मूलय फट । त्रासय त्रासय फट । संजीवय संजीवय फट । विद्रावय विद्रावय फट । सर्वदुरितं नाशय नाशय फट ।

2. शिव सहस्त्र नाम | Shiv Sahastra Naam

Shiv Sahastra Naam: शिव सहस्त्रनाम के लाभ जैसे प्रत्येक भक्त विष्णु सहस्त्रनाम स्तोत्र का पाठ करता है। उसी प्रकार भगवान शिव के परम भक्त भगवान शिव की अनुकंपा को प्राप्त करने के लिए शिव सहस्त्र नाम स्तोत्र का पाठ भी अवश्य किया जाता है।

भगवान शिव का यह दिव्य स्तोत्र शिव सहस्त्रनाम स्तोत्रम शिव महापुराण के कोटि रुद्रसंहिता के अध्याय 35 में है जिसमे 134 श्लोक है।

स्वयं भगवान विष्णु जी ने इसका संबोधन किया है, इसलिए इसका पाठ करने से केवल भगवान शिव ही नहीं, भगवान शिव के परम आराध्य भगवान विष्णु भी अत्यंत प्रसन्न हो जाते हैं। इसलिए श्री शिव सहस्त्र स्तोत्र का पाठ भी बहुत दिव्य और चमत्कारी माना जाता है।

महामृत्युंजय कहा जाता है और उन्हीं का एक दिव्य स्तोत्र है। मृत संजीवनी स्तोत्र मृत संजीवनी विद्या मंत्र है उसी प्रकार से मृत संजीवनी स्तोत्र है।

इसके विषय में कहा गया है की आप प्रातः काल उठकर स्नानादि करके यदि आप मृतसंजीवनी स्तोत्र का पाठ करते है तो आप रोगों से दूर रहते हैं।

एक दिव्य कवच आपके शरीर में निर्मित हो जाता है आप सुरक्षित रहते हैं। अकाल मृत्यु को कोई व्यक्ति प्राप्त नहीं होता जो मृत संजीवनी स्तोत्र का पाठ करता है।

1 ॐ स्थिराय नमः। Om Sthiraya Namah।

2 ॐ स्थाणवे नमः। Om Sthanave Namah।

3 ॐ प्रभवे नमः। Om Prabhave Namah।

4 ॐ भीमाय नमः। Om Bhimaya Namah।

5 ॐ प्रवराय नमः। Om Pravaraya Namah।

6 ॐ वरदाय नमः। Om Varadaya Namah।

7 ॐ वराय नमः। Om Varaya Namah।

8 ॐ सर्वात्मने नमः। Om Sarvatmane Namah।

9 ॐ सर्वविख्याताय नमः। Om Sarvavikhyataya Namah।

10 ॐ सर्वस्मै नमः। Om Sarvasmai Namah।

11 ॐ सर्वकराय नमः। Om Sarvakaraya Namah।

12 ॐ भवाय नमः। Om Bhavaya Namah।

13 ॐ जटिने नमः। Om Jatine Namah।

14 ॐ चर्मिणे नमः। Om Charmine Namah।

15 ॐ शिखण्डिने नमः। Om Shikhandine Namah।

16 ॐ सर्वाङ्गाय नमः। Om Sarvangaya Namah।

17 ॐ सर्वभावनाय नमः। Om Sarvabhavanaya Namah।

18 ॐ हराय नमः। Om Haraya Namah।

19 ॐ हरिणाक्षाय नमः। Om Harinakshaya Namah।

20 ॐ सर्वभूतहराय नमः। Om Sarvabhutaharaya Namah।

21 ॐ प्रभवे नमः। Om Prabhave Namah।

22 ॐ प्रवृत्तये नमः। Om Pravrittaye Namah।

23 ॐ निवृत्तये नमः। Om Nivrittaye Namah।

24 ॐ नियताय नमः। Om Niyataya Namah।

25 ॐ शाश्वताय नमः। Om Shashvataya Namah।

26 ॐ ध्रुवाय नमः। Om Dhruvaya Namah।

27 ॐ श्मशानवासिने नमः। Om Shmashanavasine Namah।

28 ॐ भगवते नमः। Om Bhagawate Namah।

29 ॐ खचराय नमः। Om Khacharaya Namah।

30 ॐ गोचराय नमः। Om Gocharaya Namah।

31 ॐ अर्दनाय नमः। Om Ardanaya Namah।

32 ॐ अभिवाद्याय नमः। Om Abhivadyaya Namah।

33 ॐ महाकर्मणे नमः। Om Mahakarmane Namah।

34 ॐ तपस्विने नमः। Om Tapaswine Namah।

35 ॐ भूतभावनाय नमः। Om Bhutabhavanaya Namah।

36 ॐ उन्मत्तवेषप्रच्छन्नाय नमः। Om Unmattaveshaprachchhannaya Namah।

37 ॐ सर्वलोकप्रजापतये नमः। Om Sarvalokaprajapataye Namah।

38 ॐ महारूपाय नमः। Om Maharupaya Namah।

39 ॐ महाकायाय नमः। Om Mahakayaya Namah।

40 ॐ वृषरूपाय नमः। Om Vrisharupaya Namah।

41 ॐ महायशसे नमः। Om Mahayashase Namah।

42 ॐ महात्मने नमः। Om Mahatmane Namah।

43 ॐ सर्वभूतात्मने नमः। Om Sarvabhutatmane Namah।

44 ॐ विश्वरूपाय नमः। Om Vishvarupaya Namah।

45 ॐ महाहनवे नमः। Om Mahahanave Namah।

46 ॐ लोकपालाय नमः। Om Lokapalaya Namah।

47 ॐ अन्तर्हितात्मने नमः। Om Antarhitatmane Namah।

48 ॐ प्रसादाय नमः। Om Prasadaya Namah।

49 ॐ हयगर्दभये नमः। Om Hayagardabhaye Namah।

50 ॐ पवित्राय नमः। Om Pavitraya Namah।

51 ॐ महते नमः। Om Mahate Namah।

52 ॐ नियमाय नमः। Om Niyamaya Namah।

53 ॐ नियमाश्रिताय नमः। Om Niyamashritaya Namah।

54 ॐ सर्वकर्मणे नमः। Om Sarvakarmane Namah।

55 ॐ स्वयम्भूताय नमः। Om Swayambhutaya Namah।

56 ॐ आदये नमः। Om Adaye Namah।

57 ॐ आदिकराय नमः। Om Adikaraya Namah।

58 ॐ निधये नमः। Om Nidhaye Namah।

59 ॐ सहस्राक्षाय नमः। Om Sahasrakshaya Namah।

60 ॐ विशालाक्षाय नमः। Om Vishalakshaya Namah।

61 ॐ सोमाय नमः। Om Somaya Namah।

62 ॐ नक्षत्रसाधकाय नमः। Om Nakshatrasadhakaya Namah।

63 ॐ चन्द्राय नमः। Om Chandraya Namah।

64 ॐ सूर्याय नमः। Om Suryaya Namah।

65 ॐ शनये नमः। Om Shanaye Namah।

66 ॐ केतवे नमः। Om Ketave Namah।

67 ॐ ग्रहाय नमः। Om Grahaya Namah।

68 ॐ ग्रहपतये नमः। Om Grahapataye Namah।

69 ॐ वराय नमः। Om Varaya Namah।

70 ॐ अत्रये नमः। Om Atraye Namah।

71 ॐ अत्र्या नमस्कर्त्रे नमः। Om Atrya Namaskartre Namah।

72 ॐ मृगबाणार्पणाय नमः। Om Mrigabanarpanaya Namah।

73 ॐ अनघाय नमः। Om Anaghaya Namah।

74 ॐ महातपसे नमः। Om Mahatapase Namah।

75 ॐ घोरतपसे नमः। Om Ghoratapase Namah।

76 ॐ अदीनाय नमः। Om Adinaya Namah।

77 ॐ दीनसाधकाय नमः। Om Dinasadhakaya Namah।

78 ॐ संवत्सरकराय नमः। Om Samvatsarakaraya Namah।

79 ॐ मन्त्राय नमः। Om Mantraya Namah।

80 ॐ प्रमाणाय नमः। Om Pramanaya Namah।

81 ॐ परमाय तपसे नमः। Om Paramaya Tapase Namah।

82 ॐ योगिने नमः। Om Yogine Namah।

83 ॐ योज्याय नमः। Om Yojyaya Namah।

84 ॐ महाबीजाय नमः। Om Mahabijaya Namah।

85 ॐ महारेतसे नमः। Om Maharetase Namah।

86 ॐ महाबलाय नमः। Om Mahabalaya Namah।

87 ॐ सुवर्णरेतसे नमः। Om Suvarnaretase Namah।

88 ॐ सर्वज्ञाय नमः। Om Sarvajnaya Namah।

89 ॐ सुबीजाय नमः। Om Subijaya Namah।

90 ॐ बीजवाहनाय नमः। Om Bijavahanaya Namah।

91 ॐ दशबाहवे नमः। Om Dashabahave Namah।

92 ॐ अनिमिषाय नमः। Om Animishaya Namah।

93 ॐ नीलकण्ठाय नमः। Om Nilakanthaya Namah।

94 ॐ उमापतये नमः। Om Umapataye Namah।

95 ॐ विश्वरूपाय नमः। Om Vishvarupaya Namah।

96 ॐ स्वयंश्रेष्ठाय नमः। Om Swayamshreshthaya Namah।

97 ॐ बलवीराय नमः। Om Balaviraya Namah।

98 ॐ अबलोगणाय नमः। Om Abaloganaya Namah।

99 ॐ गणकर्त्रे नमः। Om Ganakartre Namah।

100 ॐ गणपतये नमः। Om Ganapataye Namah।

3. शिव महिम्न स्तोत्र | Shiv Mahimna Stotra

Shiv Mahimna Stotra: शिव महिम्न स्तोत्र के फायदे इसकी रचना श्रीपुष्यदंतजीने की है, बहुत प्रभावशाली पाठ है प्रत्येक विद्यार्थी अपनी उज्जवल विद्या के लिए, साथ ही साथ गठबंधन में बाधा, कोर्ट

कचहरी में फंसा हुआ व व्यक्तिगत इस दिव्य शिव महिम्न स्तोत्र का पाठ करता है, तो भगवान उसको समस्त बंधनों से मुक्त कर देते हैं।

शिवमहिम्न स्तोत्र में 43 श्लोक हैं, श्लोक तथा उनके भावार्थ निम्नांकित हैं[1]--

पुष्पदन्त उवाच -

महिम्नः पारं ते परमविदुषो यद्यसदृशी।

स्तुतिर्ब्रह्मादीनामपि तदवसन्नास्त्वयि गिरः।।

अथाऽवाच्यः सर्वः स्वमतिपरिणामावधि गृणन्।

ममाप्येष स्तोत्रे हर निरपवादः परिकरः।। १।।

भावार्थः पुष्पदंत कहते हैं कि हे प्रभु ! बड़े बड़े विद्वान और योगीजन आपके महिमा को नहीं जान पाये तो मैं तो एक साधारण बालक हूँ, मेरी क्या गिनती? लेकिन क्या आपके महिमा को पूर्णतया जाने बिना आपकी स्तुति नहीं हो सकती? मैं ये नहीं मानता क्योंकि अगर ये सच है तो फिर ब्रह्मा की स्तुति भी व्यर्थ कहलाएगी। मैं तो ये मानता हूँ कि सबको अपनी मति अनुसार स्तुति करने का अधिकार है। इसलिए हे भोलेनाथ! आप कृपया मेरे हृदय के भाव को देखें और मेरी स्तुति का स्वीकार करें।

अतीतः पंथानं तव च महिमा वांमनसयोः।

अतद्व्यावृत्त्या यं चकितमभिधत्ते श्रुतिरपि।।

स कस्य स्तोतव्यः कतिविधगुणः कस्य विषयः।

पदे त्वर्वाचीने पतति न मनः कस्य न वचः।। २।।

भावार्थ: आपकी व्याख्या न तो मन, न ही वचन द्वारा संभव है। आपके सन्दर्भ में वेद भी अचंभित हैं तथा 'नेति नेति' का प्रयोग करते हैं अर्थात ये भी नहीं और वो भी नहीं। आपकी महिमा और आपके स्वरूप को पूर्णतया जान पाना असंभव है, लेकिन जब आप साकार रूप में प्रकट होते हो तो आपके भक्त आपके स्वरूप का वर्णन करते नहीं थकते। ये आपके प्रति उनके प्यार और पूज्यभाव का परिणाम है।

मधुस्फीता वाचः परममृतं निर्मितवतः।

तव ब्रह्मन् किं वागपि सुरगुरोर्विस्मयपदम्।।

मम त्वेतां वाणीं गुणकथनपुण्येन भवतः।

पुनामीत्यर्थेऽस्मिन् पुरमथन बुद्धिर्व्यवसिता।। ३।।

भावार्थ: हे वेद और भाषा के सृजक! आपने अमृतमय वेदोंकी रचना की है। इसलिए जब देवों के गुरु, बृहस्पति आपकी स्तुति करते है तो आपको कोई आश्चर्य नहीं होता। मैं भी अपनी मति अनुसार आपके गुणानुवाद करने का प्रयास कर रहा हूँ। मैं मानता हूँ कि इससे आपको कोई आश्चर्य नहीं होगा, मगर मेरी वाणी इससे अधिक पवित्र और लाभान्वित अवश्य होगी।

तवैश्वर्यं यत्तज्जगदुदयरक्षाप्रलयकृत्।

त्रयीवस्तु व्यस्तं तिसृषु गुणभिन्नासु तनुषु।।

अभव्यानामस्मिन् वरद रमणीयामरमणीं।

विहन्तुं व्याक्रोशीं विदधत इहैके जडधियः।। ४।।

भावार्थ: आप इस सृष्टि के सृजनहार है, पालनहार है और विसर्जनकार है। इस प्रकार आपके तीन स्वरूप है – ब्रह्मा, विष्णु और महेश तथा आप में तीन गुण है – सत्व, रज और तम। वेदों में इनके बारे में वर्णन किया गया है फिर भी अज्ञानी लोग आपके बारे में उटपटांग बातें करते रहते है। ऐसा करने से भले उन्हें संतुष्टि मिलती हो, किन्तु यथार्थ से वो मुँह नहीं मोड़ सकते।

किमीहः किंकायः स खलु किमुपायस्त्रिभुवनं।

किमाधारो धाता सृजति किमुपादान इति च।।

अतर्क्यैश्वर्ये त्वय्यनवसर दुःस्थो हतधियः।

कुतर्कोऽयं कांश्चित् मुखरयति मोहाय जगतः।। ५।।

भावार्थ: मूर्ख लोग अक्सर तर्क करते रहते है कि ये सृष्टि की रचना कैसे हुई, किसकी इच्छा से हुई, किन वस्तुओं से उसे बनाया गया इत्यादि। उनका उद्देश्य लोगों में भ्रांति पैदा करने के अलावा कुछ नहीं है। सच पूछो तो ये सभी प्रश्नों के उत्तर आपकी दिव्य शक्ति से जुड़े है और मेरी सीमित बुद्धि से उसे व्यक्त करना असंभव है।

अजन्मानो लोकाः किमवयववन्तोऽपि जगतां।

अधिष्ठातारं किं भवविधिरनादृत्य भवति।।

अनीशो वा कुर्याद् भुवनजनने कः परिकरो।

यतो मन्दास्त्वां प्रत्यमरवर संशेरत इमे।। ६।।

भावार्थ: हे प्रभु, आपके बिना ये सब लोक (सप्त लोक – भू: भुव: स्व: महः जनः तपः सत्य) का निर्माण क्या संभव है? इस जगत का कोई

रचयिता न हो, ऐसा क्या संभव है?आपके अलावा इस सृष्टि का निर्माण भला कौन कर सकता है ?आपके अस्तित्व के बारे केवल मूर्ख लोगों को ही शंका हो सकती है।

त्रयी सांख्यं योगः पशुपतिमतं वैष्णवमिति।

प्रभिन्ने प्रस्थाने परमिदमदः पथ्यमिति च।।

रुचीनां वैचित्र्यादृजुकुटिल नानापथजुषां।

नृणामेको गम्यस्त्वमसि पयसामर्णव इव।। ७।।

भावार्थ: हे परमपिता!!! आपको पाने के लिए अनगिनत मार्ग है – सांख्य मार्ग, वैष्णव मार्ग, शैव मार्ग, वेद मार्ग आदि। लोग अपनी रुचि के अनुसार कोई एक मार्ग को पसंद करते है। मगर आखिरकार ये सभी मार्ग, जैसे अलग अलग नदियों का पानी बहकर समुद्र में जाकर मिलता है, वैसे ही, आप तक पहुंचते है। सचमुच, किसी भी मार्ग का अनुसरण करने से आपकी प्राप्ति हो सकती है।

महोक्षः खट्वांगं परशुरजिनं भस्म फणिनः।

कपालं चेतीयत्तव वरद तन्त्रोपकरणम्।।

सुरास्तां तामृद्धिं दधति तु भवद्भूप्रणिहितां।

न हि स्वात्मारामं विषय मृगतृष्णा भ्रमयति।। ८।।

भावार्थ: आपके भृकुटी के इशारे मात्र से सभी देवगण एश्वर्य एवं संपदाओं का भोग करते हैं। पर आपके स्वयं के लिए सिर्फ कुल्हाडी, बैल, व्याघ्रचर्म, शरीर पर भस्म तथा हाथ में खप्पर (खोपड़ी)! इससे ये फलित होता है कि जो आत्मानंद में लीन रहता है वो संसार के

भोगपदार्थो में नहीं फँसता।

ध्रुवं कश्चित् सर्वं सकलमपरस्त्वध्रुवमिदं।

परो धौव्याऽध्रौव्ये जगति गदति व्यस्तविषये।।

समस्तेऽप्येतस्मिन् पुरमथन तैर्विस्मित इव।

स्तुवन् जिह्रेमि त्वां न खलु ननु धृष्टा मुखरता।। ९।।

भावार्थ: इस संसार के बारे में विभिन्न विचारकों के भिन्न-भिन्न मत हैं। कोई इसे नित्य जानता है तो कोई इसे अनित्य समझता है। लोग जो भी कहें, आपके भक्त तो आपको हमेंशा सत्य मानते है और आपकी भक्ति में आनंद पाते है। मैं भी उनका समर्थन करता हूँ, चाहे किसी को मेरा ये कहना धृष्टता लगे, मुझे उसकी परवाह नहीं।

तवैश्वर्यं यत्नाद् यदुपरि विरिंचिर्हरिरधः।

परिच्छेतुं यातावनिलमनलस्कन्धवपुषः।।

ततो भक्तिश्रद्धा-भरगुरु-गृणद्भ्यां गिरिश यत्।

स्वयं तस्थे ताभ्यां तव किमनुवृत्तिर्न फलति।। १०।।

भावार्थ: जब ब्रह्मा और विष्णु के बीच विवाद हुआ की दोनों में से कौन महान है, तब आपने उनकी परीक्षा करने के लिए अग्निस्तंभ का रूप लिया। ब्रह्मा और विष्णु – दोनों नें स्तंभ को अलग अलग छोर से नापने की कोशिश की मगर वो सफल न हो सके। आखिरकार अपनी हार मानकर उन्होंने आपकी स्तुति की, जिससे प्रसन्न होकर आपने अपना मूल रूप प्रकट किया। सचमुच, अगर कोई सच्चे दिल से आपकी स्तुति करे और आप प्रकट न हों एेसा कभी हो सकता है भला?

अयत्नादापाद्य त्रिभुवनमवैरव्यतिकरं।

दशास्यो यद्बाहूनभृत-रणकण्डू-परवशान्।।

शिरःपद्मश्रेणी-रचितचरणाम्भोरुह-बलेः।

स्थिरायास्त्वद्भक्तेस्त्रिपुरहर विस्फूर्जितमिदम्।। ११।।

भावार्थ: आपके परम भक्त रावण ने पद्म की जगह अपने नौ-नौ मस्तक आपकी पूजा में समर्पित कर दिये। जब वो अपना दसवाँ मस्तक काटकर अर्पण करने जा रहा था तब आपने प्रकट होकर उसको वरदान दिया। इस वरदान की वजह से ही उसकी भुजाओं में अटूट बल प्रकट हुआ और वो तीनो लोक में शत्रुओं पर विजय पाने में समर्थ रहा। ये सब आपकी दृढ भक्ति का नतीजा है।

अमुष्य त्वत्सेवा-समधिगतसारं भुजवनं।

बलात् कैलासेऽपि त्वदधिवसतौ विक्रमयतः।।

अलभ्यापातालेऽप्यलसचलितांगुष्ठशिरसि।

प्रतिष्ठा त्वय्यासीद् ध्रुवमुपचितो मुह्यति खलः।। १२।।

भावार्थ: आपकी परम भक्ति से रावण अतुलित बल का स्वामी बन बैठा मगर इससे उसने क्या करना चाहा ? आपकी पूजा के लिए हर रोज कैलाश जाने का श्रम बचाने के लिए कैलाश को उठाकर लंका में गाढ़ देना चाहा। जब कैलाश उठाने के लिए रावण ने अपनी भुजाओं को फैलाया तब पार्वती भयभीत हो उठीं। उन्हें भयमुक्त करने के लिए आपने सिर्फ अपने पैर का अंगूठा हिलाया तो रावण जाकर पाताल में गिरा और वहाँ भी उसे स्थान नहीं मिला। सचमुच, जब कोई आदमी

अनधिकृत बल या संपत्ति का स्वामी बन जाता है तो उसका उपभोग करने में विवेक खो देता है।

यद्दिद्धं सुत्राम्णो वरद परमोच्चैरपि सतीं।

अधश्चक्रे बाणः परिजनविधेयत्रिभुवनः।।

न तच्चित्रं तस्मिन् वरिवसितरि त्वच्चरणयोः।

न कस्याप्युन्नत्यै भवति शिरसस्त्वय्यवनतिः।। १३।।

भावार्थ: आपकी कृपा मात्र से ही बाणासुर दानव इन्द्रादि देवों से भी अधिक ऐश्वर्यशाली बन गया तथा तीनो लोकों पर राज्य किया। हे ईश्वर ! जो मनुष्य आपके चरण में श्रद्धाभक्तिपूर्वक शीश रखता है उसकी उन्नति और समृद्धि निश्चित है।

अकाण्ड-ब्रह्माण्ड-क्षयचकित-देवासुरकृपा-

विधेयस्याऽऽसीद् यस्त्रिनयन विषं संहृतवतः।।

स कल्माषः कण्ठे तव न कुरुते न श्रियमहो।

विकारोऽपि श्लाघ्यो भुवन-भय-भंग-व्यसनिनः।। १४।।

भावार्थ: जब समुद्रमंथन हुआ तब अन्य मूल्यवान रत्नों के साथ महाभयानक विष निकला, जिससे समग्र सृष्टि का विनाश हो सकता था। आपने बड़ी कृपा करके उस विष का पान किया। विषपान करने से आपके कंठ में नीला चिन्ह हो गया और आप नीलकंठ कहलाये। परंतु हे प्रभु, क्या ये आपको कुरुप बनाता है ? कदापि नहीं, ये तो आपकी शोभा को और बढाता है। जो व्यक्ति औरों के दुःख दूर करता है उसमें अगर कोई विकार भी हो तो वो पूजा पात्र बन जाता है।

असिद्धार्था नैव क्वचिदपि सदेवासुरनरे।

निवर्तन्ते नित्यं जगति जयिनो यस्य विशिखाः।।

स पश्यन्नीश त्वामितरसुरसाधारणमभूत्।

स्मरः स्मर्तव्यात्मा न हि वशिषु पथ्यः परिभवः।। १५।।

भावार्थ: कामदेव के वार से कभी कोई भी नहीं बच सका चाहे वो मनुष्य हों, देव या दानव हों। पर जब कामदेव ने आपकी शक्ति समझे बिना आप की ओर अपने पुष्प बाण को साधा तो आपने उसे तत्क्षण ही भष्म कर दिया। श्रेष्ठ जनो के अपमान का परिणाम हितकर नहीं होता।

मही पादाघाताद् व्रजति सहसा संशयपदं।

पदं विष्णोर्भ्राम्यद् भुज-परिघ-रुग्ण-ग्रह-गणम्।।

मुहुर्द्यौर्दौस्थ्यं यात्यनिभृत-जटा-ताडित-तटा।

जगद्रक्षायै त्वं नटसि ननु वामैव विभुता।। १६।।

भावार्थ: जब संसार के कल्याण हेतु आप तांडव करने लगते हैं तब समग्र सृष्टि भय के मारे कांप उठती है, आपके पदप्रहार से पृथ्वी अपना अंत समीप देखती है ग्रह नक्षत्र भयभीत हो उठते हैं। आपकी जटा के स्पर्श मात्र से स्वर्गलोग व्याकुल हो उठता है और आपकी भुजाओं के बल से वैकुंठ में खलबली मच जाती है। हे महादेव! आश्चर्य ही है कि आपका बल अतिशय कष्टप्रद है।

वियद्व्यापी तारा-गण-गुणित-फेनोद्गम-रुचिः।

प्रवाहो वारां यः पृषतलघुदृष्टः शिरसि ते।।

जगद्द्वीपाकारं जलधिवलयं तेन कृतमिति।

अनेनैवोन्नेयं धृतमहिम दिव्यं तव वपुः।। १७।।

भावार्थः गंगा नदी जब मंदाकिनी के नाम से स्वर्ग से उतरती है तब नभोमंडल में चमकते हुए सितारों की वजह से उसका प्रवाह अत्यंत आकर्षक दिखाई देता है, मगर आपके शिर पर सिमट जाने के बाद तो वह एक बिंदु समान दिखाई पडती है। बाद में जब गंगाजी आपकी जटा से निकलती है और भूमि पर बहने लगती है तब बड़े बड़े द्वीपों का निर्माण करती है। ये आपके दिव्य और महिमावान स्वरूप का ही परिचायक है।

रथः क्षोणी यन्ता शतधृतिरगेन्द्रो धनुरथो।

रथांगे चन्द्रार्कौ रथ-चरण-पाणिः शर इति।।

दिधक्षोस्ते कोऽयं त्रिपुरतृणमाडम्बर विधिः।

विधेयैः क्रीडन्त्यो न खलु परतन्त्राः प्रभुधियः।। १८।।

भावार्थः आपने (तारकासुर के पुत्रों द्वारा रचित) तीन नगरों का विध्वंश करने हेतु पृथ्वी को रथ, ब्रह्मा को सारथी, सूर्य चन्द्र को दो पहिये मेरु पर्वत का धनुष बनाया और विष्णुजी का बाण लिया। हे शम्भू! इस वृहत प्रयोजन की क्या आवश्यकता थी ? आपके लिए तो संसार मात्र का विलय करना अत्यंत ही छोटी बात है। आपको किसी सहायता की क्या आवश्यकता? आपने तो केवल (अपने नियंत्रण में रही) शक्तियों के साथ खेल किया था, लीला की थी।

हरिस्ते साहस्रं कमल बलिमाधाय पदयोः।

यदेकोने तस्मिन् निजमुदहरन्नेत्रकमलम्।।

गतो भक्त्युद्रेकः परिणतिमसौ चक्रवपुषः।

त्रयाणां रक्षायै त्रिपुरहर जागर्ति जगताम्।। १९।।

भावार्थ: जब भगवान विष्णु ने आपकी सहस्र कमलों (एवं सहस्र नामों) द्वारा पूजा प्रारम्भ की तो उन्होंने एक कमल कम पाया। तब भक्ति भाव से विष्णुजी ने अपनी एक आँख को कमल के स्थान पर अर्पित कर दिया। उनकी इसी अदम्य भक्ति ने सुदर्शन चक्र का स्वरूप धारण कर लिया जिसे भगवान विष्णु संसार रक्षार्थ उपयोग करते हैं। हे प्रभु, आप तीनों लोक (स्वर्ग, पृथ्वी और पाताल) की रक्षा के लिए सदैव जाग्रत रहते हो।

क्रतौ सुप्ते जाग्रत् त्वमसि फलयोगे क्रतुमतां।

क्व कर्म प्रध्वस्तं फलति पुरुषाराधनमृते।।

अतस्त्वां सम्प्रेक्ष्य क्रतुषु फलदान-प्रतिभुवं।

श्रुतौ श्रद्धां बध्वा दृढपरिकरः कर्मसु जनः।। २०।।

भावार्थ: यज्ञ की समाप्ति होने पर आप यज्ञकर्ता को उसका फल देते हो। आपकी उपासना और श्रद्धा बिना किया गया कोई कर्म फलदायक नहीं होता। यही वजह है कि वेदों में श्रद्धा रखके और आपको फलदाता मानकर हर कोई अपने कार्यो का शुभारंभ करते है।

क्रियादक्षो दक्षः क्रतुपतिरधीशस्तनुभृतां।

ऋषीणामात्विज्यं शरणद सदस्याः सुर-गणाः।।

क्रतुभ्रंशस्त्वतः क्रतुफल-विधान-व्यसनिनः।

ध्रुवं कर्तुं श्रद्धा विधुरमभिचाराय हि मखाः।। २१।।

भावार्थः यद्यपि आपने यज्ञ कर्म और फल का विधान बनाया है तद्यपि जो यज्ञ शुद्ध विचारों और कर्मो से प्रेरित न हो और आपकी अवहेलना करने वाला हो उसका परिणाम कदाचित विपरीत और अहितकर ही होता है इसीलिए दक्षप्रजापति के महायज्ञ यज्ञ को जिसमें स्वयं ब्रह्मा तथा अनेकानेक देवगण तथा ऋषि-मुनि सम्मिलित हुए, आपने नष्ट कर दिया क्योंकि उसमें आपका सम्मान नहीं किया गया। सचमुच, भक्ति के बिना किये गये यज्ञ किसी भी यज्ञकर्ता के लिए हानिकारक सिद्ध होते है।

प्रजानाथं नाथ प्रसभमभिकं स्वां दुहितरं।

गतं रोहिद् भूतां रिरमयिषुमृष्यस्य वपुषा।।

धनुष्पाणेर्यातं दिवमपि सपत्राकृतममु।

त्रसन्तं तेऽद्यापि त्यजति न मृगव्याधरभसः।। २२।।

भावार्थः एक बार प्रजापिता ब्रह्मा अपनी पुत्री पर ही मोहित हो गए। जब उनकी पुत्री ने हिरनी का स्वरुप धारण कर भागने की कोशिश की तो कामातुर ब्रह्मा भी हिरन भेष में उसका पीछा करने लगे। हे शंकर ! तब आप ने व्याघ्र स्वरूप में धनुष-बाण ले ब्रह्मा को मार भगाया। आपके रौद्र रूप से भयभीत ब्रह्मा आकाश दिशा में अदृश्य अवश्य हुए परन्तु आज भी वह आपसे भयभीत हैं।

स्वलावण्याशंसा धृतधनुषमह्नाय तृणवत्।

पुरः प्लुष्टं दृष्ट्वा पुरमथन पुष्पायुधमपि।।

यदि स्त्रैणं देवी यमनिरत-देहार्ध-घटनात्।

अवैति त्वामद्धा बत वरद मुग्धा युवतयः।। २३।।

भावार्थः जब कामदेव ने आपकी तपश्चर्या में बाधा डालनी चाही और आपके मन में पार्वती के प्रति मोह उत्पन्न करने की कोशिश की, तब आपने कामदेव को तृणवत् भस्म कर दिया। अगर तत्पश्चात् भी पार्वती ये समझती है कि आप उन पर मुग्ध है क्योंकि आपके शरीर का आधा हिस्सा उनका है, तो ये उनका भ्रम होगा। सच पूछो तो हर युवती अपनी सुंदरता पे मुग्ध होती है।

श्मशानेष्वाक्रीडा स्मरहर पिशाचाः सहचराः।

चिता-भस्मालेपः स्रगपि नृकरोटी-परिकरः।।

अमंगल्यं शीलं तव भवतु नामैवमखिलं।

तथापि स्मर्तृणां वरद परमं मंगलमसि।। २४।।

भावार्थः आप श्मशान में रमण करते हैं, भूत - प्रेत आपके मित्र हैं, आप चिता भष्म का लेप करते हैं तथा मुंडमाल धारण करते हैं। ये सारे गुण ही अशुभ एवं भयावह जान पड़ते हैं। तब भी हे श्मशान निवासी ! उन भक्तों जो आपका स्मरण करते है, आप सदैव शुभ और मंगल करते है।

मनः प्रत्यक् चिते सविधमविधायात्-मरुतः।

प्रहृष्यद्रोमाणः प्रमद-सलिलोत्संगति-दृशः।।

यदालोक्याह्लादं हृद इव निमज्यामृतमये।

दधत्यन्तस्तत्त्वं किमपि यमिनस्तत् किल भवान्।। २५।।

भावार्थ: आपको पाने के लिए योगी क्या क्या नहीं करते ? बस्ती से दूर, एकांत में आसन जमाकर, शास्त्रों में बताई गई विधि के अनुसार प्राण की गति को नियंत्रित करने की कठिन साधना करते है और उसमें सफल होने पर हर्षाश्रु बहाते है। सचमुच, सभी प्रकार की साधना का अंतिम लक्ष्य आपको पाना ही है।

त्वमर्कस्त्वं सोमस्त्वमसि पवनस्त्वं हुतवहः।

त्वमापस्त्वं व्योम त्वमु धरणिरात्मा त्वमिति च।।

परिच्छिन्नामेवं त्वयि परिणता बिभ्रतु गिरं।

न विद्मस्तत्तत्त्वं वयमिह तु यत्त्वं न भवसि।। २६।।

भावार्थ: आप ही सूर्य, चन्द्र, धरती, आकाश, अग्नि, जल एवं वायु हैं। आप ही आत्मा भी हैं। हे देव!! मुझे ऐसा कुछ भी ज्ञात नहीं जो आप न हों।

त्रयीं तिस्रो वृत्तीस्त्रिभुवनमथो त्रीनपि सुरान्।

अकाराद्यैर्वर्णैस्त्रिभिरभिदधत् तीर्णविकृति।।

तुरीयं ते धाम ध्वनिभिरवरुन्धानमणुभिः।

समस्त-व्यस्तं त्वां शरणद गृणात्योमिति पदम्।। २७।।

भावार्थ: (हे सर्वेश्वर! ॐ शब्द अ, ऊ, म से बना है। ये तीन शब्द तीन लोक स्वर्ग, पृथ्वी और पाताल; तीन देव – ब्रह्मा, विष्णु और महेश तथा तीन अवस्था – स्वप्न, जागृति और सुषुप्ति के द्योतक है। लेकिन जब पूरी तरह से ॐ कार का ध्वनि निकलता है तो ये आपके तुरीय पद (तीनों से पर) को अभिव्यक्त करता है।

भवः शर्वो रुद्रः पशुपतिरथोग्रः सहमहान्।

तथा भीमेशानाविति यदभिधानाष्टकमिदम्।।

अमुष्मिन् प्रत्येकं प्रविचरति देव श्रुतिरपि।

प्रियायास्मैधाम्ने प्रणिहित-नमस्योऽस्मि भवते।। २८।।

भावार्थ: वेद एवं देवगण आपकी इन आठ नामों से वंदना करते हैं भव, सर्व, रूद्र, पशुपति, उग्र, महादेव, भीम, एवं इशान। हे शम्भू! मैं भी आपकी इन नामों की भावपूर्वक स्तुति करता हूँ।

नमो नेदिष्ठाय प्रियदव दविष्ठाय च नमः।

नमः क्षोदिष्ठाय स्मरहर महिष्ठाय च नमः।।

नमो वर्षिष्ठाय त्रिनयन यविष्ठाय च नमः।

नमः सर्वस्मै ते तदिदमतिसर्वाय च नमः।। २९।।

भावार्थ: आप सब से दूर हैं फिर भी सब के पास है। हे कामदेव को भस्म करनेवाले प्रभु! आप अति सूक्ष्म है फिर भी विराट है। हे तीन नेत्रोंवाले प्रभु! आप वृद्ध है और युवा भी है। आप सब में है फिर भी सब से पर है। आपको मेरा प्रणाम है।

बहुल-रजसे विश्वोत्पत्तौ, भवाय नमो नमः।

प्रबल-तमसे तत् संहारे, हराय नमो नमः।।

जन-सुखकृते सत्त्वोद्रिक्तौ, मृडाय नमो नमः।

प्रमहसि पदे निस्त्रैगुण्ये, शिवाय नमो नमः।। ३०।।

भावार्थ: मैं आपको रजोगुण से युक्त सृजनकर्ता जान कर आपके ब्रह्मा स्वरूप को नमन करता हूँ। तमोगुण को धारण करके आप जगत का संहार करते हो, आपके उस रुद्र स्वरूप को मैं नमन करता हूँ। सत्वगुण धारण करके आप लोगों के सुख के लिए कार्य करते हो, आपके उस विष्णु स्वरूप को नमस्कार है। इन तीनों गुणों से पर आपका त्रिगुणातीत स्वरूप है, आपके उस शिव स्वरूप को मेरा नमस्कार है।

कृश-परिणति-चेतः क्लेशवश्यं क्व चेदं।

क्व च तव गुण-सीमोल्लंघिनी शश्वद्रद्धिः।।

इति चकितममन्दीकृत्य मां भक्तिराधाद्।

वरद चरणयोस्ते वाक्य-पुष्पोपहारम्।। ३१।।

भावार्थ: मेरा मन शोक, मोह और दुःख से संतप्त तथा क्लेश से भरा पड़ा है। मैं दुविधा में हूँ कि ऐसे भ्रमित मन से मैं आपके दिव्य और अपरंपार महिमा का गान कैसे कर पाऊँगा ? फिर भी आपके प्रति मेरे मन में जो भाव और भक्ति है उसे अभिव्यक्त किये बिना मैं नहीं रह सकता। अतः ये स्तुति की माला आपके चरणों में अर्पित करता हूँ।

असित-गिरि-समं स्यात् कज्जलं सिन्धु-पात्रे।

सुर-तरुवर-शाखा लेखनी पत्रमुर्वी।।

लिखति यदि गृहीत्वा शारदा सर्वकालं।

तदपि तव गुणानामीश पारं न याति।। ३२।।

भावार्थ: यदि समुद्र को दवात बनाया जाय, उसमें काले पर्वत की स्याही डाली जाय, कल्पवृक्ष के पेड की शाखा को लेखनी बनाकर और पृथ्वी को कागज़ बनाकर स्वयं ज्ञान स्वरूपा माँ सरस्वती दिनरात आपके गुणों का वर्णन करें तो भी आप के गुणों की पूर्णतया व्याख्या करना संभव नहीं है।

असुर-सुर-मुनीन्द्रैरर्चितस्येन्दु-मौलेः।

ग्रथित-गुणमहिम्नो निर्गुणस्येश्वरस्य।।

सकल-गण-वरिष्ठः पुष्पदन्ताभिधानः।

रुचिरमलघुवृत्तैः स्तोत्रमेतच्चकार।। ३३।।

भावार्थ: आप सुर, असुर और मुनियों के पूजनीय है, आपने मस्तक पर चंद्र को धारण किया है और आप सभी गुणों से परे है। आपकी इसी दिव्य महिमा से प्रभावित होकर मैं, पुष्पंदत गंधर्व, आपकी स्तुति करता हूँ।

अहरहरनवद्यं धूर्जटेः स्तोत्रमेतत्।

पठति परमभक्त्या शुद्ध-चित्तः पुमान् यः।।

स भवति शिवलोके रुद्रतुल्यस्तथाऽत्र।

प्रचुरतर-धनायुः पुत्रवान् कीर्तिमांश्च।। ३४।।

भावार्थ: पवित्र और भक्तिभावपूर्ण हृदय से जो मनुष्य इस स्तोत्र का नित्य पाठ करेगा, तो वो पृथ्वीलोक में अपनी इच्छा के अनुसार धन, पुत्र, आयुष्य और कीर्ति को प्राप्त करेगा। इतना ही नहीं, देहत्याग के पश्चात् वो शिवलोक में गति पाकर शिवतुल्य शांति का अनुभव करेगा। शिवमहिम्न स्तोत्र के पठन से उसकी सभी लौकिक व पारलौकिक कामनाएँ पूर्ण होंगी।

महेशान्नापरो देवो महिम्नो नापरा स्तुतिः।

अघोरान्नापरो मन्त्रो नास्ति तत्त्वं गुरोः परम्।। ३५।।

भावार्थ: शिव से श्रेष्ठ कोइ देव नहीं, शिवमहिम्न स्तोत्र से श्रेष्ठ कोइ स्तोत्र नहीं है, भगवान शंकर के नाम से अधिक महिमावान कोई मंत्र नहीं है और ना ही गुरु से बढकर कोई पूजनीय तत्व।

दीक्षा दानं तपस्तीर्थं ज्ञानं यागादिकाः क्रियाः।

महिम्नस्तव पाठस्य कलां नार्हन्ति षोडशीम्।। ३६।।

भावार्थ: शिवनहिम्न स्तोत्र का पाठ करने से जो फल मिलता है वो दीक्षा या दान देने से, तप करने से, तीर्थाटन करने से, शास्त्रों का ज्ञान पाने से तथा यज्ञ करने से कहीं अधिक है।

कुसुमदशन-नामा सर्व-गन्धर्व-राजः।

शशिधरवर-मौलेर्देवदेवस्य दासः।।

स खलु निज-महिम्नो भ्रष्ट एवास्य रोषात्।

स्तवनमिदमकार्षीद् दिव्य-दिव्यं महिम्नः।। ३७।।

भावार्थ: पुष्पदन्त गंधर्वों का राजा, चन्द्रमौलेश्वर शिव जी का परम भक्त था। मगर भगवान शिव के क्रोध की वजह से वह अपने स्थान से च्युत हुआ। महादेव को प्रसन्न करने के लिए उसने ये महिम्नस्तोत्र की रचना की है।

सुरवरमुनिपूज्य स्वर्ग-मोक्षैक-हेतुं।

पठति यदि मनुष्यः प्रांजलिर्नान्य-चेताः।।

व्रजति शिव-समीपं किन्नरैः स्तूयमानः।

स्तवनमिदममोघं पुष्पदन्तप्रणीतम्।। ३८।।

भावार्थ: जो मनुष्य अपने दोनों हाथों को जोड़कर, भक्तिभावपूर्ण, इस स्तोत्र का पठन करेगा, तो वह स्वर्ग-मुक्ति देनेवाले, देवता और मुनिओं के पूज्य तथा किन्नरों के प्रिय ऐसे भगवान शंकर के पास अवश्य जायेगा। पुष्पदंत द्वारा रचित यह स्तोत्र अमोघ और निश्चित फल देनेवाला है।

आसमाप्तमिदं स्तोत्रं पुण्यं गन्धर्व-भाषितम्।

अनौपम्यं मनोहारि सर्वमीश्वरवर्णनम्।। ३९।।

भावार्थ: पुष्पदंत गन्धर्व द्वारा रचित, भगवान शिव के गुणानुवाद से भरा, मनमोहक, अनुपम और पुण्यप्रदायक स्तोत्र यहाँ पर संपूर्ण होता है।

इत्येषा वाङ्मयी पूजा श्रीमच्छंकर-पादयोः।

अर्पिता तेन देवेशः प्रीयतां मे सदाशिवः।। ४०।।

भावार्थ: वाणी के माध्यम से की गई मेरी यह पूजा आपके चरणकमलों में सादर अर्पित है। कृपया इसका स्वीकार करें और आपकी प्रसन्नता मुझ पर बनाये रखें।

तव तत्त्वं न जानामि कीदृशोऽसि महेश्वर।

यादृशोऽसि महादेव तादृशाय नमो नमः।। ४१।।

भावार्थ: हे शिव!! मैं आपके वास्तविक स्वरुप् को नहीं जानता। लेकिन आप जैसे भी है, जो भी है, मैं आपको प्रणाम करता हूँ।

एककालं द्विकालं वा त्रिकालं यः पठेन्नरः।

सर्वपाप-विनिर्मुक्तः शिव लोके महीयते।। ४२।।

भावार्थ: जो इस स्तोत्र का दिन में एक, दो या तीन बार पाठ करता है वह सर्व प्रकार के पाप से मुक्त हो जाता है तथा शिव लोक को प्राप्त करता है।

श्री पुष्पदन्त-मुख-पंकज-निर्गतेन।

स्तोत्रेण किल्बिष-हरेण हर-प्रियेण।।

कण्ठस्थितेन पठितेन समाहितेन।

सुप्रीणितो भवति भूतपतिर्महेशः।। ४३।।

भावार्थ: पुष्पदंत के कमलरूपी मुख से उदित, पाप का नाश करनेवाली, भगवान शंकर की अतिप्रिय यह स्तुति का जो पठन करेगा, गान

करेगा या उसे सिर्फ अपने स्थान में रखेगा, तो भोलेनाथ शिव उन पर अवश्य प्रसन्न होंगे।

।। इति श्री पुष्पदन्त विरचितं शिवमहिम्नः स्तोत्रं सम्पूर्णम्।।

4

शिवलिंग क्या है? जानिए Shivling से जुड़ा रहस्य

Shivling: शिवलिंग का वास्तविक अर्थ क्या है, शिवलिंग क्या प्रदर्शित करता है, वह किसका प्रतीक है इन सभी तथ्यों को आज हम आपके समक्ष रखेंगे।

लोगों ने जो भ्रांति समाज में शिवलिंग के प्रति फैला रखी है उसे दूर करना अति आवश्यक है। कुछ लोगों ने शिवलिंग का इतना गलत अर्थ बता रखा है कि हम उसकी व्याख्या करना भी पाप समझते हैं और महादेव का अपमान समझते हैं।

वास्तव में शिवलिंग हमारे ब्रह्मांड की ही आकृति है, शिवलिंग के साथ कर्मकांड इसलिए किए जाते हैं ताकि शिवलिंग में अधिक से अधिक ऊर्जा को समाहित किया जा सके और जब हम शिवलिंग के पास बैठे तो हमें उस से भी अधिक से अधिक लाभ मिले और हमारी आध्यात्मिक उन्नति भी हो सके।

Enter Caption

"नागेंद्रहाराय त्रिलोचनाय भस्मांग राग आए महेश्वराय नित्य सुधाय दिगंबराय तस्मै नमः शिवाय" इसका भावार्थ है जो शिव नागराज वासुकी का हार पहने हुए हैं, तीन नेत्रों वाले हैं तथा भस्म को सारे शरीर पर लगाए हुए हैं, इस प्रकार महान ऐश्वर्य से संपन्न विश्व नित्य अविनाशी तथा स्वयंभू हैं, दिशाएं जिनके लिए वस्त्रों का कार्य करती हैं अर्थात वस्त्र आदि उपाधि से भी जो रहे थे, ऐसे निर्वचन उस निराकार स्वरूप शिव को हम नमस्कार करते हैं।

शिवलिंग क्या है? - What Is Shivling?

शिवलिंग शिवजी के निराकार स्वरूप का प्रतीक है। शिवलिंग एक संस्कृत शब्द है यहां लिंग का अर्थ है, "प्रति" यानी शिवलिंग का अर्थ है शिव का प्रतीक।

शिवलिंग को हम शिव का स्वरूप मानके उनकी पूजा करते हैं, संस्कृत भाषा में जिस प्रकार पुलिंग का अर्थ पुरुष का प्रतीक और स्त्रीलिंग का अर्थ स्त्री का प्रतीक होता है, उसी प्रकार शिवलिंग का अर्थ शिव का प्रतीक है।

पुराणों में वर्णित एक कथा के अनुसार ऋषि यों ने सूत जी से प्रश्न किया कि, सभी देवताओं की पूजा मूर्ति स्वरूप में होती है लिंग में नहीं परंतु भगवान शिव की पूजा लिंक और मूर्ति स्वरूप दोनों में क्यों की जाती है? फिर सूत जी ने बड़े विनम्र भाव से कहा, "आपका यह प्रश्न बहुत अद्भुत और पवित्र है एकमात्र भगवान शिव ही ब्रह्म रूप होने के कारण निराकार कहलाते हैं। "

रूपवान होने के कारण उन्हें साकार भी कहा जाता है और इसलिए वे साकार और निराकार दोनों हैं। इसी तरह भगवान शिव का मूर्ति स्वरूप ही, उनके साकार स्वरूप का प्रतीक है साकार और निराकार रूप होने से ही वह ब्रह्म शब्द से कहे जाने वाले परमात्मा है।

शिवलिंग का असली मतलब क्या है?

शिवलिंग स्त्री या पुरुष का प्रतीक ना होकर संपूर्ण ब्रह्मांड के शून्य निराकार का प्रतीक है। इन्हें एक शैली में बांधकर नहीं रखा जा सकता क्योंकि यह स्वयं एक श्रेणी है एक प्रतीक है, अगर आप वैज्ञानिकों द्वारा लिए गए अंतरिक्ष के चित्र को देखते हैं तो आप पाएंगे कि, पुराणों के अनुसार संपूर्ण आकाश स्वयं एक लिंग है और शिवलिंग समस्त ब्रह्मांड की एक दूरी है शिवलिंग अनंत है।

शिवलिंग का ना तो आरंभ है और ना अंत ब्रह्मांड में दो ही वस्तुएं हैं, ऊर्जा और पदार्थ। हमारा शरीर पदार्थ से निर्मित है और आत्मा ऊर्जा है इसी प्रकार प्रकृति पदार्थ और शिव भक्ति ऊर्जा का प्रतीक बनकर शिवलिंग कहलाता है, ब्रह्मांड की समस्त ऊर्जा शिवलिंग में समाहित है।

शिवलिंग का रहस्य क्या है?

शिवलिंग एक ऐसी आकृति है जिसमें संपूर्ण ब्रह्मांड व्याप्त है, आपने शिवलिंग को अलग-अलग आकारों में देखा होगा जिनमें से कुछ शिवलिंग मनुष्य द्वारा बनाए गए हैं और कुछ शिवलिंग भगवान द्वारा स्वयंभू प्राकट्य हैं।

अगर हम प्रमुख 12 ज्योतिर्लिंग के संदर्भ में चर्चा करें तो उन सभी का आकार एक दूसरे से भिन्न है। ऐसा इसलिए है क्योंकि अलग-अलग उद्देश्यों को प्राप्त करने के लिए अलग-अलग शिवलिंग बनाए गए हैं।

कुछ शिवलिंग को को स्वास्थ्य के लिए बनाया गया है, किसीको विवाह के लिए, किसीको ध्यान साधना के लिए स्थापित किया गया है। इन सभी निराकार रूपी भगवान शिव के प्रति इन लिंगों में एक समानता अवश्य है कि इनकी बनावट अंडे के आकार की है जो वस्तुतः ब्रम्हाण्ड की आकृति भी है।

गुप्त हनुमान मंत्र: दिव्य दृष्टि प्राप्ति के लिए 1 गुप्त हनुमान शाबर मंत्र

गुप्त हनुमान मंत्र: हनुमान जी अष्ट चिरंजीवी में से एक है। कलयुग में ये प्रत्यक्ष स्वरूप देवता है। आज भी इनको देखने के भारत में कई दावे की जाते है। लगभग हर गांव में हनुमानजी के मंदिर पाए जाते है। वैसे तो हनुमान जी की चालीसा उनके हर भक्त को मुखपाठ रहती है, उनके पास कई मंत्र और कवच भी होते हैं।

लेकिन हम आपको एक दिव्य दृष्टि प्राप्ति मंत्र देने जा रहे हैं जो सिद्ध होता है। इसे सात्विक भाव से साधना करना चाहिए तभी यह सिद्ध होगा। इससे आपको ज्ञान का प्रकाश मिलेगा और आपकी दिव्य दृष्टि बढ़ेगी। आपको यक्ष, गंधर्व, यक्षिणी आदि का दर्शन हो सकता है। ऐसा सिद्ध गुरु मानते हैं।

1. दिव्य दृष्टि प्राप्ति शाबर मंत्र

आपको हम एक ऐसा वीर हनुमान शाबर मंत्र देने जा रहे हैं, जिससे आपमें एक अलौकिक शक्ति आएगी। वैसे तो कई हनुमान मंत्र हैं, परंतु यह एक लुप्त मंत्र है और गुप्त भी। कुछ सिद्ध गुरु वो का मानना है कि जब यह मंत्र सिद्ध हो जाता है, तब साधक में एक दिव्य दृष्टि का संचार होता है, जिससे साधक जमीन के नीचे यक्ष, गन्धर्व, यक्षिणी, योगिनी इत्यादि गुप्त शक्तियों को देख सकता है।

गुप्त हनुमान शाबर मंत्र साधना

यह एक रात की साधना है। इसे शनिवार के दिन रात १० बजे से लेकर रात १२ बजे तक करना है। सामग्री में एक पिली मिटटी, गाय का गोबर, गेहूं का बुरादा होना चाहिए। इन्हें तीन दिनों तक भिगोकर एक दीपक तैयार करना होगा, जिसमे सवासो ग्राम घी आजाये।

जहां साधना के लिए बैठेंगे, वहां पूरी भूमि को गाय के गोबर से लेपित कर लेना है। आप वहां बैठकर दीपक जलाएं। ध्यान रखें कि आपका मुख पश्चिम दिशा की ओर रहना चाहिए और दीपक पूर्व दिशा की ओर होना चाहिए। साधना के लिए आपको कुछ सामग्री की आवश्यकता होगी जैसे धूप, दीपक, पुष्प आदि।

धूप और दीपक जलाने के बाद, रात १० बजे से लेकर रात १२ बजे के बीच में निम्न गुप्त हनुमान शाबर मंत्र का जप करना होगा।

यह मंत्र है:

जय गौ माता की, जय श्री राम।

ॐ तुलसी दास सदा हरी चेरा,कीजै नाथ हृदय महँ डेरा।

पवनसुत संकट हरण मंगल मूर्ति रूप तेरा, काटो हे हनुमान चौरासी का फेरा।

विनती कर दास यो तेरा, गुरु को कोटि कोटि प्रणाम।
।। जय श्री राम।।

आपको हर शनिवार ऐसा करना चाहिए, जब तक आपको मंत्र का अनुग्रह नहीं मिलता। अनुग्रह होने के बाद आपको मंत्र का प्रयोग करने का ज्ञान आपमें अपने-आप हि आजायेगा।

सावधानियां:

इस प्रयोग से आपको कुछ कठिनाइयाँ आसकती है, इस लिए इसका प्रयोग केवल वही साधक करे जो गुरु के छात्रा छायामें है, अन्यथा आपको हानि भी हो सकती है ये याद रखे।

दर्शन हेतु हनुमान जी का 2 मंत्र साधना - Hanuman ji

हनुमान जी का मंत्र: की यह मंत्र साधना अत्यंत दुर्लभ मानी जाती है। यह एक शाबर मंत्र साधना है, शाबर मंत्र साधना गुरु के मार्ग दर्शन में ही करनी चाहिए इससे साधना में सफलता मिलने मे आसानी होती है।

1. हनुमान जी की दर्शन प्राप्ती साधना - 1

मंत्र

ॐ हनुमान पहलवान । वर्ष बारह का जवान ।।

हाथ में लड्डू मुख में पान। आओ-आओ बाबा हनुमान ॥

न आओ तो दुहाई महादेव- गौरा पार्वती की ॥

शब्द सांचा पिण्ड कांचा । फुरे मन्त्र ईश्वरो वाचा ॥

2. हनुमान जी की दर्शन प्राप्ती साधना - 2

मंत्र

उलटा बीर बजरंग का पाँव कर,

नींसम कवटाल खाय बारा कोस आघाड़,

सम तेरा कोस पिच्छाड़सम,

आन पोहोंच रे उलटा बीर बजरंग का पाँव ॥

जहाँ है वहाँ से लाव इस काया पिण्ड

के बाला कू नव नाड़ी से,

बहात्तर कोठड़ी से रोम-रोम से,

चाम- चाम से गुदगुद से,

पकड़ के लाव ॥

मेरी भक्ति, गुरु की शक्ति

फुरो मन्त्र ईश्वरी वाचा ॥

साधना विधि

इस मन्त्र की साधना 41 दिन की है, हनुमान विषयक सभी नियमों को मानते हुए किसी मंगलवार या शनिवार से यह साधना शुरू करें, सर्व प्रथम साधक हनुमान जी की प्रतिमा को किसी साफ-स्वच्छ कमरे में रखकर विधिवत प्राण- प्रतिष्ठा करें, फिर दायें हाथ से किसी पात्र में कुएँ का जल लाकर मुर्ति को स्नान करावें।

स्नान के लिए जिस पात्र में जल लायें उस पात्र को तब तक जमीन में न रखें जब तक स्नान न करा चुकें, फिर स्नान के बाद पात्र रखकर हल्दी, कुंकुम, आक के फूल, शक्कर से निर्मित नैवेद्य, सिन्दूर, उड़द के 21 दानों से यथा विधि पूजन कर, एक आटे के दीपक में पाँच बत्तियाँ डाल कर शुद्ध घी से प्रज्वलित करें, तथा कपूर - गुग्गल की

धूप दें।

सवा किलो आटे का रोट बनाकर उसके ऊपर पंचमुखी दीपक रखें, फिर 1 माला का जप नित्य करें, जपांत में दशांश हवन करें। 41 दिन के इस अनुष्ठान में हनुमान जी किसी न किसी रूप में दर्शन देकर साधक की इच्छा पूरी करते हैं।

पितृ दोष निवारण के लिए क्या करे

पितृ दोष निवारण के लिए आपको कुछ मुख्य उपाय जैसे पूजा, तर्पण, रूद्र अभिषेक, पितृ पक्ष में दान करना और रसोई घर में मिटटी का घड़ा भरकर रखना चाहिए है।

घर में पितृ दोष के 5 उपाय

1. पितृ दोष निवारण पूजाः

Pitra Dosh Nivaran पूजा किया जाना सबसे प्रमुख और शक्तिशाली उपाय है। इस पूजा को करने से पितृ दोष का नाश होता है। इस पूजा को करवाने के लिए एक जानकारी और अनुभव रखे हुए पंडित या ज्योतिषी की सहायता लेना उचित रहता है।

2. तर्पणः

तर्पण, यानि पितृ पक्ष के दौरान पितृओं को जल और तिल का दान करना भी पितृ दोष निवारण के लिए काफी प्रभावी उपाय है। इस तरह का दान करने से पितृओं की आत्माओं को शांति प्राप्त होती है और पितृ दोष का नाश होता है।

3. रुद्र अभिषेकः

रुद्र अभिषेक भी पितृ दोष निवारण के लिए एक शक्तिशाली उपाय है। इस पूजा को करने से पितृओं के पाप नष्ट होते हैं और उनकी आत्माओं को शांति मिलती है।

4. पितृ गायत्री मंत्रः

पितृ दोष से मुक्ति प्राप्त करने के लिए पितृ गायत्री मंत्र का जाप करने से प्रभाव मिलता है। इस मंत्र का उच्चारण करने से पितृओं को शांति मिलती है और पितृ दोष से मुक्ति प्राप्त की जा सकती है।

5. पितृ पक्षः

पितृ पक्ष में पितृओं के लिए दान करने से भी पितृ दोष का नाश होता है। इस दान के द्वारा पितृओं की आत्मा को शांति मिलती है और पितृ दोष से मुक्ति प्राप्त की जा सकती है।

इन उपायों के अलावा भी कुछ ऐसे उपाय होते हैं जैसे कि किसी पीपल के पेड़ के नीचे जाकर जाप करना, श्राद्ध करवाना, ब्राह्मणों को दान देना आदि। ये सभी उपाय पितृ दोष से मुक्ति प्राप्त करने के लिए किए जाते हैं।

इसे भी पढे:

आजमाए ये 12 राशिनुसार साढ़ेसाती के उपाय

Shani Ki Sade Sati | Shani Ki Sade Sati Ke Upay: शनि की साढ़ेसाती का नाम सुनकर लगभग सभी के मन में एक अजीब सा डर आ ही जाता है और भय से कांप उठते है। साढ़ेसाती को लेकर लोगों के मन में बहुत सारी गलतफहमियां हैं और बेवजह का डर भी है।

लोगों की धारणा ये भी है की साढ़ेसाती केवल बर्बादी ही लाती है लेकिन ऐसा नहीं है साढ़ेसाती आपके जीवन को खुशियों और कामयाबी से भी भर सकती है जिसकी आपने अपने जीवन में कभी कल्पना भी नहीं की होंगी। साढ़ेसाती में ही आपको शनि दे अच्छे या बुरे कर्म का फल जाते जाते दे जाते है।

Shani Ki Sade Sathi क्या है?

शनि देव गोचर में परिभ्रमण करते हुए जन्म राशी से बारह वे भाव में आते है, तब वहा पर शनिदेव ढाई वर्ष तक निवास करते है और फिर वह जन्मराशी में ढाई वर्ष रहते है और पुन्हा जन्म राशी से दुसरे भाव में ढाई वर्ष अवधि तक रहते है।

इस तरह तीनो भावो में ढाई-ढाई वर्ष रहते है ढाई वर्ष - ढाई वर्ष तिन भावो का योग साढे साथ वर्ष बनता है इसे ही शनि की साढ़े साथी मानी जाती है।

शनि की साढ़े साती के लक्षण और प्रभाव

शनि की साडे साथी में ढाई वर्ष के तिन चरण होते इसमे व्यक्ति को अलग अलग लक्षण और प्रभाव देखनेको मिलते है। इन तिन चरणों में आपको साढ़े साती का क्या फल या पीड़ा मिलती है आइए समजते है।

1. साढ़े साती प्रथम चरण

प्रथम चरण में जातक के आय की अपेक्षा व्यय की अधिकता रहती है।

धन की कमी और अचानक धनहानि से जातक को भारी परेशानियों का सामना करना पड़ता है

स्वास्थ्य ठीक नहीं रहता, नेत्र व्याधि (नेत्रकष्ट) होने की सम्भावना है।

जातक अनेक प्रकार के मानसिक तनाव से पीड़ित रहता है।

2. साढ़े साती द्वितीय चरण

सम्पत्ति की हानि, शत्रुभय, आर्थिक परेशानियां निकट सम्बन्धों में कटुता आदि अनेक प्रकार से जातक को द्वितीय चरण में कष्ट मिलते हैं। व्यवसाय पर बुरा असर पड़ता है। लम्बी यात्रायें, पारिवारिक सुख की कमी व्यय की अधिकता बनी रहती है। अथक प्रयास भी अक्सर निष्फल सिद्ध होते हैं जिस कारण जातक मानसिक पीड़ा अनुभव करता है।

3. साढ़े साती तृतीय चरण

तृतीय चरण में व्यय की अधिकता बनी रहती है।

धन आता है किन्तु शीघ्र ही व्यय भी हो जाता है।

सुखों की कमी, जातक के स्वास्थ्य पर मंदा प्रभाव, व्यर्थ का विवाद ।

उपरोक्त तीन चरणों में शनि की साढ़ेसाती एवम् ढैय्या जातक के जीवन को प्रभावित करते हैं।

शनि की साढ़े साती के 12 राशियों के अनुसार उपाय

अगर राशियों के अनुसार व्यक्ति पर शनि की साडे साथी प्रभावी है तो आजमाए ये राशी अनुसार उपाय।

1. मेष राशी

प्रथम चरण: मास, मच्छी, शराब का सेवन न करे, बादाम और नारियल दान करे।

दूसरा चरण: कन्या पूजन करे, भगवान गणेश की आराधना करे।

तीसरा चरण: उड़त के दाने बहते दरिया में शनिवार के दिन प्रवाहित करे, घोड़े की नल की रिंग अनमिका में पहने।

2. वृष राशी

प्रथम चरण: शिवलिंग पर दूध चढ़ाए, सुके नारियल बहते जल में प्रवाहित करे।

दूसरा चरण: दूध से भीगी मिटटी का तिलक लगाए, बरगत के जड़ में दूध डाले।

तीसरा चरण: हनुमान जी के मंदिर में जाकर सिंदूर चढ़ाए और हनुमान चालीसा का पथ करे।

3. मिथुन राशी

प्रथम चरण: शनि की उपासना करे और शनि यन्त्र धारण करे।

दूसरा चरण: हनुमान चालीसा पथ करे।

तीसरा चरण: शराब का सेवन न करे।

4. कर्क राशी

प्रथम चरण: बच्चो को दोपहर क्र समय मीठी वस्तुए या हलवा खिलाए।

दूसरा चरण: सुरमा सुनसान स्थान में ले जाकर दबाए।

तीसरा चरण: शनि यन्त्र धारण करे।

5. सिंह राशी

प्रथम चरण: मिटटी के पात्र में सरसों का तेल भरकर पानी के अन्दर दबाए।

दूसरा चरण: मछलियों को आटे की गोलिया बनाकर शनिवार के दिन खिलाए।

तीसरा चरण: काले भैंस की नाल की बनी अंगूठी धारण करे।

6. कन्या राशी

प्रथम चरण: कौवे को रोटी खिलावे।

दूसरा चरण: महामृतुन्जय मंत्र का जाप करे।

तीसरा चरण: बहती दरिया में शराब प्रभावित करे।

7. तुला राशी

प्रथम चरण: सुखा कड़कता नारियल बहती दरिया में प्रभावित करे।

दूसरा चरण: काला कुत्ता पाले और उसकी सेवा करे।

तीसरा चरण: बहती दरिया में उड़त के दाने प्रभावित करे।

8. वृचिक राशी

प्रथम चरण: शनिवार के दिन व्रत धारण करे

दूसरा चरण: बन्दर को गुड खिलाए।

तीसरा चरण: नशीली चीजो से दूर रहे।

9. धनु राशी

प्रथम चरण: हनुमान जी को सिंदूर चढ़ाए और हनुमान चालीसा का पाठ करे।

दूसरा चरण: नारियल के खोपरे में तिल एवम गुड भरकर मिटटी के निचे दबाए।

तीसरा चरण: सूर्योदय से पूर्व मुख्यद्वार के पास कची जमींन पर शराब गिराए।

10. मकर राशी

प्रथम चरण: मदिर जाते वक्त नगे पाव निकले ।

दूसरा चरण: अंधे व्यक्ति की सेवा करे।

तीसरा चरण: नाव की किल का छल्ला बनवाकर उंगली में धारण करे।

11. कुभ राशी

प्रथम चरण: शराब और मास - मचलिका का सेवन कदाबी न करे।

दूसरा चरण: काला कुत्ता पाले और उसकी सेवा करे।

तीसरा चरण: घोड़े की नाल की अगुठी पहिने।

12. मीन राशी

प्रथम चरण: बादाम दान करे।

दूसरा चरण: बरगद के पेड़ में दूध डाले।

तीसरा चरण: घोड़े की नाल की अगुठी पहिने।